JN076728

産業社会と人間

よりよき高校生活のために 四訂版

元東京女子体育大学教授・元筑波大学附属坂戸高等学校長　服部 次郎 編著

はじめに

　みなさん！ 高校入学、おめでとう！

　みなさんは、義務教育の中学校を卒業して、高校へ進学しました。高校で、なにを学びますか？ なにに向かって生きていきますか？

　中学校までは、みんなが行くから、私も学校へ行ったという人もいるかもしれません。しかし、高校では、そういうわけにはいきません。高校は、義務教育ではありません。自分の意志で、自分のために、自分の目標をもって行くところです。

　さあ、あなたは、高校でなにを学びますか？ なんのために学びますか？ なにに向かって学ぶのですか？ そうです、高校を卒業したあとに続く、あなたの長い人生をよりよいものにするために、今、高校での学びが始まるのです。

　あなたは、自分の人生を考えたことがありますか？ あなたも、やがて大人になって、独立して、仕事をもち、家庭を築き、家族や友人や同僚など多くの人々と共に、社会の発展に貢献し、自らの生活を充実させて、豊かな人生を歩んでいくのです。

　この「産業社会と人間」という科目は、高校で、なんのために学ぶのか、なにに向かって学ぶのかを考えるための科目です。国語や数学などのように、決まった答えがあるわけではありません。先生が答えを教えてくれるわけでもありません。答えは、あなた自身が考えるのです。

　この本には、あなたが、自分を見つめ、自分の進路を考え、これから自分が生きていく社会を考え、そして自分の人生を考えるための手がかりとなるような学習内容が、１年間の授業を想定して35項目あげてあります。この本は、あなたが考える手がかりを与えるだけで、すべてを説明はしません。あとは自分で調べ、考え、研究して、自分なりの個性的な「産業社会と人間」の授業ノートを創ってください。

　学校で国語や数学などの教科・科目を勉強して、知識・技能を身につけることは大事なことです。しかし、その前に、よりよい人生とはなにか、よりよい社会とはなにかをしっかりと考えていなければ、なんのために学ぶのかを見失って、意欲をなくすことにもなりかねません。人は、夢や希望があれば、がんばれるものです。さあ、みなさん、「産業社会と人間」の授業で、あなたの夢や希望を語ってください。あなたの高校生活が、よりよいものになることを期待しています。

● ● ●

　2003年3月に初版、2007年12月に新訂版、2014年2月に三訂版を刊行し、多くの高校で活用していただきました。今回は2018年の学習指導要領改訂を機に、この間の産業社会の変化や執筆者の問題意識の変化も反映させて四訂版を刊行することにしました。「産業社会と人間」は、変化に対応して、常に新しくありたいと考えています。

　2019年11月

執筆者代表：編著者　元東京女子体育大学教授・元筑波大学附属坂戸高等学校長

服部　次郎

目次

3章　社会の中で生きること 083

4章　なにを学びますか、どう生きていきますか 129

1章

自分を見つめてみよう

1-1 「産業社会と人間」って、なんの授業？

中学校にはなかった授業ですから、どんな授業か、よく理解しましょう。
「産業社会と人間」の授業の目的はなにか、よく考えてみましょう。
1年間、どんなことをやるのか、よく知っておきましょう。

❶「産業社会と人間」を学ぶ意味

人間は、社会の一員として生きる

みなさんは、義務教育を終えて、高校へ入学しました。義務教育は、人間としてよりよく成長していくための基盤をつくる教育ですから、みなさんに等しく教育を受けさせることに主眼が置かれました。友人と仲良くすること、集団のきまりを守ること、自分勝手に行動しないことなどが強調されたのは、人間は社会の一員として、社会の中で生きていく存在であることを知ってもらうことが大切だったからです。

オンリー・ワンの存在

しかし、人間は、社会の一員であると同時に、かけがえのないたった一人の存在です。世界中に何十億の人間がいようと、あなたはオンリー・ワンです。高校時代は、そのような他人とは違う自分らしさを強く意識するようになる時代です。あなたは、自分の中の自分を見つめ、自分の個性や適性を考え、自分をよりよく生かしていける職業を考えていきます。職業は、また、社会への働きかけです。あなたが生きるこれからの社会を正しく理解し、あなたがよりよい社会のためになにができるのかを考えることも、あなたの人生を豊かなものにするために大切なことです。「産業社会と人間」は、まず、あなた自身を考え、あなたの生きる社会を考えるための科目です。

夢や希望があれば、がんばれる

次に、高校では、教科・科目の学習を通じて、より高い知識・技能の習得を目指します。しかし、勉強することは、つらい、根気のいることでもあります。勉強がいやになり、安易に流れ、逃げたくもなります。自分は、なんのために、こんなに努力しなければならないのか、そこがはっきりしていないと、がんばる気力が失せていきます。でも、絶対に実現させたい自分なりの夢や希望があれば、歯を食いしばってもがんばると思いませんか。あなたは、将来、どんな人生を送りたいですか。どんな職業に就いて、どんな仕事をしていきたいですか。そのためには、どんな進路を選択しますか。「産業社会と人間」は、あなたのこれからのキャリアについて考える科目でもあります。

選択制は両刃の剣

そして、新しい高校教育では、選択制が多く取り入れられます。みんなが同じ時間割で学習するのでは画一的な教育になって、一人一人の個性や進路を尊重した教育ができないからです。しかし、選択制は両刃の剣です。「友達が選ぶから」とか「楽そうだから」とかの安易な選択に流されて、真に自分に

必要な科目の選択が見失われたならば、選択制は少しも意義を発揮できません。自分を成長させるために必要であるならば、「厳しい指導」とか「難解な内容」の科目であっても選択しなければならない場合もあるのです。自分にとってどんな選択がベストなのかを真剣に考えてもらうことも「産業社会と人間」の大きな目的です。

❷「産業社会と人間」の学習内容

「産業社会と人間」では、おおよそ次のようなことを学習します。

（1）社会生活や職業生活に必要な基本的な能力や態度及び望ましい勤労観、職業観を身につけます。

> **主なキーワード**
> ● コミュニケーション・スキル　● 体験活動
> ● 地域学習　● 交流活動　● ボランティア
> ● 職業調べ　● 職業人講話　● 職業人インタビュー
> ● 職場体験　● キャリア・デザイン

（2）わが国の産業の発展とそれがもたらした社会の変化について考えます。

> **主なキーワード**
> ● 環境問題　● 持続可能社会　● 情報社会
> ● 情報モラル　● 多文化共生社会　● 福祉社会
> ● 社会保障制度　● 豊かさ　● ジェンダー
> ● 労働環境

（3）自己の将来の生き方や進路について考え、その実現に向けた高校での履修計画を作成します。

> **主なキーワード**
> ● 大学・専門学校等訪問　● 先輩と語る
> ● 履修計画作成　● 自分史　● ライフ・プラン
> ● 意見発表会

❸「産業社会と人間」の学習方法

ガイダンス科目

「産業社会と人間」は、みなさんが高校での学習や生活にスムーズに入っていけるように、ガイダンスする役割ももっています。「産業社会と人間」の学習を通して、高校で学ぶ意義を理解し、卒業後の進路や人生を考え、目標に向かって学習する意欲と態度を形成していきます。

自ら学び、自ら考え、自ら行動する力

高校での学習は、これまでのように、先生の講義を聴いて、知識・技能を習得するという形の授業ばかりではありません。むしろ、みなさんが課題に主体的に取り組み、調べ、研究し、自分の考えを発表するという授業が多くなっていきます。自ら学び、自ら考え、自ら行動する力を育成することが高校での大きな教育目標になっていくからです。そういう主体的な学習の方法を身につけることも「産業社会と人間」の大きな目標です。

調べる・話し合う・発表する

そこで、「産業社会と人間」の学習方法は、先生の講義を聴くということよりも、みなさん自身が主体的に課題について調べる・話し合う・発表するということが中心になります。「産業社会と人間」では、体験・実習・調査・討論・発表・論文作成など、みなさん自身が主体的に行動し、研究し、成果をまとめる学習方法が多くなりますから、積極的に取り組みましょう。

❹「産業社会と人間」の年間スケジュール

No.	実施日	曜日	テーマ	内　容
1　自分を見つめてみよう				
1	月　日		1　「産業社会と人間」って、なんの授業？	
2	月　日		2　共に学ぶ仲間との出会い	
3	月　日		3　自分って、なんだろう？	
4	月　日		4　「自分史」をつくろう	
5	月　日		5　コミュニケーション・スキルって、なに？	
6	月　日		6　自分探しの体験をしてみよう	
7	月　日		7　地域を知って、地域から学ぼう	
8	月　日		8　交流活動から学ぼう	
9	月　日		9　ボランティアって、なに？	
2　生きていくこと働くこと				
10	月　日		1　働くことって、なんだ？	
11	月　日		2　職業について調べてみよう（1）	
12	月　日		3　職業について調べてみよう（2）	
13	月　日		4　資格の必要な職業もある	
14	月　日		5　職業人の講話を聞こう	
15	月　日		6　職業人にインタビューしてみよう	
16	月　日		7　実際の職場を体験してみよう	
17	月　日		8　キャリア・デザインをしてみよう	
3　社会の中で生きること				
18	月　日		1　環境問題について考えてみよう	
19	月　日		2　持続可能社会って、なに？	
20	月　日		3　情報社会について考えてみよう	
21	月　日		4　情報モラルって、なに？	
22	月　日		5　「多文化共生社会」って、なに？	
23	月　日		6　福祉社会って、なんだろう？	
24	月　日		7　社会保障制度について考えてみよう	
25	月　日		8　ジェンダーと働き方	
26	月　日		9　労働環境は、どう変化した？	
27	月　日		10　これからの社会はどうなるの？	
28	月　日		11　豊かさとは、なんだろう？	
4　なにを学びますか、どう生きていきますか				
29	月　日		1　大学・専門学校等を訪問してみよう	
30	月　日		2　先輩と語ろう	
31	月　日		3　○○さんの履修計画	
32	月　日		4　自分だけの時間割をつくろう	
33	月　日		5　私のライフ・プラン	
34	月　日		6　プランド・ハップンスタンスって、なに？	
35	月　日		7　「産業社会と人間」発表会	

 ワークシート

❶あなたは高校で、なにを学びたいと考えて入学しましたか。

❷あなたは高校卒業後の進路をどのように考えていますか。

❸あなたは将来、どのような職業に就いて、どのような仕事をしたいですか。

🔄 学習の自己評価 ✿ ✿ ✿

1)「産業社会と人間」を学習する意味について理解できましたか。	1	2	3	4	5	
2)「産業社会と人間」の学習内容について、おおよその理解ができましたか。	1	2	3	4	5	
3) 自ら学び、自ら考え、主体的に取り組むことができましたか。	1	2	3	4	5	

感想	検印

1-2　共に学ぶ仲間との出会い

学校で学ぶことの意味について、考えてみましょう。
学校へ来なければ得られないものはなんでしょうか。
コミュニケーションについて、考えてみましょう。

❶学校で学ぶ意味

成長期を学校で過ごす

みなさんは、小学校から中学校へと、学校で学び、今、高校という学校に入学しました。幼稚園から始まって、高校あるいは大学まで、多くの人は、ものごころついてから成人して独立するまでの、もっとも大事な成長期を学校で過ごします。学校で学ぶ意味は、なんでしょうか。

学校の成立

同年齢の児童・生徒を学級に編成して、集団で教育する学校は、近代に始まりました。学校の成立は、それまで特権階級にのみ占有されていた知識・技能を、広く民衆に開放し、民主主義社会の成立の基盤をつくりました。わが国でも、明治維新後、いち早く近代的な学校の整備に取り組み、欧米に比して遅れていた社会の近代化を推し進めることのできる人材を育成したことが、今日のわが国の発展を生み出すもっとも大きな要因であったことは、よく理解されているところです。

学校の利点と欠点

学校は、たくさんの児童・生徒に、同時に、できるだけ多くの知識・技能を伝達するためには、きわめて有効なシステムですが、問題がないわけではありません。1人の教師が40名前後の児童・生徒に授業するということを基本とするシステムは、一人一人の児童・生徒の要求には十分に応えられないという限界をもっています。また、集団で生活することを基本とするところから、集団に適応しにくい児童・生徒の不登校が生じるという問題もあります。なかでもいじめや校内暴力の問題は、最近の学校の抱える病弊として早期の解決が迫られています。

学校は、行かねばならないところ?

かつては、学校は、児童・生徒の「行かねばならないところ」でした。しかし、今日では、他にふさわしい学習の場があれば、「無理に行く必要はないところ」に変わってきています。アメリカでは、学校に通わず自宅で親が教育するホーム・スクールも社会的に認知され始めていますし、わが国でも学校に適応しにくい児童・生徒を受け入れるフリー・スクールが各地に開設され、近年、急増する傾向にあります。

学校の改革

このように、学校に対するさまざまな批判があるにせよ、学校より優れた学びの場があるということも考えられません。そこで、学校も、問題を克服するための改革努力はしてきました。選択制を大幅に取り入れた教育課程をもつ総合学科の設置は、生徒一人一人の個性や進路を尊重した教育に近づこうとする改革努力でもあります。集団生活の部分は少なくして、科目の履修だけで卒業に必要な単位を修得

できるようにした単位制高校も各地に設置されています。

学校で学ぶ意味

さまざまな問題がありながら、それでも学校で学ぶ意味はなんでしょうか。教科書に書かれている知識・技能を習得することだけが目的であるならば、学校へ来なくても他に方法はあります。大学進学することだけが目的であるならば、高校へ毎日通わなくても、高卒認定（高校卒業程度認定試験）に合格すれば可能です。それでは、学校で学ぶことには、どのような意味があるのでしょうか。

 ワークシート

❶次の言葉の意味を調べてみましょう。

フリー・スクール

ホーム・スクール

チャーター・スクール

❷あなたにとって、学校へ来なければ得られないものはなんですか。

❸あなたにとって、良い学校とはどのようなものですか。また、悪い学校とはどのようなものですか。

❷学校へ来なければ得られないもの

情報社会における学校

近代の学校は、知識・技能を広く民衆に普及させるのに大きな役割を果たしました。しかし、現代では、私たちが知識・技能を習得していく機会は、学校にのみあるのではありません。私たちは、新聞・テレビ・本・雑誌・インターネット・携帯電話などで、膨大な情報にふれ、また、友人や親・先生との会話で情報を増幅させていきます。

学校の授業は、児童・生徒がすでに知っていることを整理し、体系化して、有効な知識・技能にしていくという面が強くなっています。すなわち、知識・技能を普及させるという学校の本来的な役割は、現代では、小さくなりつつあります。

「人間は、社会的動物である」

それでは、現代社会に学校は不必要なのでしょうか。そんなことはありません。やはり学校へ来なければ得られないものがあるはずです。古代ギリシャの哲学者アリストテレスは「人間は、社会的動物である」と人間の本質を定義しましたが、人間が社会生活を営み、社会とのかかわりにおいて生きていく存在であることは、いかに科学技術の進んだ現代社会においても不変です。

社会性を身につけること

いやむしろ、機械化・情報化の進んだ現代社会だからこそ、円滑な人間関係を結ぶ能力、他人と協力して社会生活を円滑に営む能力、他人と力を合わせて社会を改革していく能力、すなわち社会性を身につけることが、より重要になっているといえます。極論すれば、学校に行かなくても知識・技能を身につけることはできますが、学校に行かずに、社会性を身につけること、人と人とのコミュニケーションを円滑に結ぶ能力を身につけることは難しいといえます。すなわち、ここに学校の大きな役割があるのではないでしょうか。

❸コミュニケーションということ

社会とは

社会というのは、人と人との集まりですが、集まっている人と人とが孤立しているのではなく、それぞれの人と人とがなんらかの関係で結ばれている、すなわちコミュニケーションが成立している人と人の集まりが社会ということです。

高校に入学した日、周りは知らない人ばかりです。あなたは、隣にいる人に思い切って「こんにちは」と声をかけます。隣にいる人は「こんにちは、わたしは○○です。よろしく」と答えます。そういう声のかけ合いが教室のあちこちに生まれていきます。お互いにコミュニケーションを成立させようと声をかけるところから、学級という新しい社会が生まれていきます。

コミュニケーション能力

いうまでもなく、声をかけただけで真のコミュニケーションが成立するわけではなく、そこからお互いを理解し合い、共に学ぶ仲間としての信頼関係に至るまでには、さまざまな努力や試練が必要ですが、とにかく人間が社会的に生きていくためには、まず円滑な人間関係を結ぶ能力、すなわちコミュニケーション能力が、もっとも基本となる能力であり、学校で身につけるべきもっとも大切な生きる力といえるでしょう。

共に学ぶ仲間との出会いを大切に

もう一つ、コミュニケーション能力が重要である大きな意味があります。今日の高校では選択制が多く取り入れられていることは、前にも述べました。特に、総合学科では、上の年次にいくほど、ホームルームを離れて、時限毎に異なる選択科目の集団に所属して学習することになります。そこでは時限毎に異なる多くの人々とコミュニケーションを図らねばなりません。一人で生きていける力は、誰とでもコミュニケーションを図れる力でもあります。共に学ぶ仲間との出会いを大切にして、意欲的に高校生活を始めたいものです。

◆コミュニケーション・キャンプ

　　ある総合学科高校では、入学式の翌日から、３泊４日の合宿を、自然豊かな高原で行う。入学したばかりで、コミュニケーションの成立してない集団の中で、プログラムに従ってさまざまな課題が与えられる。アイス・ブレーク、トレッキング、マウンテン・バイク、創作活動などを体験しながら、人とかかわり、協力し、創り上げるために、いかにコミュニケーションが大切かを考える。講義「総合学科の生徒としての心得」などもあり、合宿そのものが「産業社会と人間」のオリエンテーションであり、総合学科のガイダンスにもなっている。あらゆるプログラムがコミュニケーションをテーマに構成されるので、コミュニケーション・キャンプと称されている。

ワークシート

❹自分をもっとも適切に表現する言葉を五つ考えましょう。

❺班別に輪になって、順番に、上であげた五つの言葉を班員に説明しましょう。
**　班員は説明の不足なところを質問しましょう。質問には誠実に答えましょう。**

Ϭ　学習の自己評価 ✿ ✿ ✿

1) 学校で学ぶことの意味について、よく考えることができましたか。	1	2	3	4	5
2) コミュニケーションの大切さについて理解できましたか。	1	2	3	4	5
3) 自ら学び、自ら考え、主体的に取り組むことができましたか。	1	2	3	4	5

感想	検印

1-3 自分って、なんだろう？

高校生の年頃は人生でもっとも重要な時期というのはなぜか、考えてみよう。
青年期は疾風怒濤の時代というのは、どういうことか考えてみよう。
自分について、よく考えてみよう。

❶第二の誕生

　みなさんは、生まれてから15年ほどを生きてきました。ちょっと振り返ってみましょう。赤ちゃんだったあなたは、両親や家族の愛にはぐくまれてすくすくと成長しました。幼稚園では、どんな楽しいことがありましたか。小学校では、友達がたくさんできましたか。中学校では、高校受験のことで少し悩んだりもしましたか。でも、あなたの周りには、いつも見守ってくれる誰かがいました。家では両親や家族、学校では先生たちがあなたのことを心配してくれました。だから、つらいときや困ったときは、両親や先生たちに頼ることができました。思い出してみてください。あなたが自分でできなくて困っていたときに、両親や先生たちがフォローしてくれて、やりとげることができたことがなかったですか。これまでは、大人に助けられて、大人に頼って生きてきました。でも、このままで、あなた自身が大人になれますか。自分の考えで行動し、自分の判断で決定し、自分で責任を取り、独立して生きていく、そういう大人に、あなた自身がなれますか。
　フランスの思想家ルソー（1712～1778）は、「人間は、二度生まれる。一度目は、存在するために、二度目は、生きるために」といいました。大人に依存して生きてきた子どもが、独立して責任の取れる大人に生まれ変わっていく、そういう人間にとってもっとも大切な成長過程が青年期であり、青年期の悩みや苦しみを乗り越えて一人前の大人になっていくことを第二の誕生とよんだのです。

❷青年期は疾風怒濤(しっぷう どとう)の時代

　子どもから大人への過渡期である青年期は、中学生頃から始まり、近年では、30歳近くなってもまだ大人になりきれない人が多くなったといわれるのですが、いずれにせよ高校生の年頃は、まさに青年期のただ中にあるのです。

急激な身体的成長

　青年期を意識するきっかけは、急激な身体的成長です。特に性的成熟を伴う身体の変化は、青年に子どもの時代とは違った自分を見つめさせる大きなきっかけになります。自分の身体の変化を正しく受けとめて理解すること、これは大切なことですが、心のフォローが伴わないと、不安に駆られ、動揺し、精神的変調を来すことにもなりかねません。

理想と現実とのギャップ

　身体の変化で自分を見つめることがきっかけとなり、青年は自分の内面にも目を向けるようになっていきます。自分の容姿、能力などが気になり始めます。他人との比較、他人の評価に敏感になっていきます。時に、他人より優れた自分を見て優越感にひたることもあれば、すぐに他人より劣った自分に打ちのめされて劣等感にさいなまれます。自分の意識

において「こうでありたい理想の自分」と、実際の生活にあらわれる「こうでしかない現実の自分」とのギャップに悩みます。

自分は、なにものなのか

自我に目覚めた青年の意識は、「自分は、なにものなのか」を真剣に考えます。「本当の自分はなんなのか」に悩み、「誰も自分をわかってくれない」という孤独感に責められます。孤独の中で、「本当の自分」を探して悩み苦しむことは、自己を確立して独立した大人になっていくための誰しもが通る道なのですが、バランスが一つ崩れると、引きこもりや自殺などを生じかねない不安定な精神状態でもあります。

青年期は、疾風怒濤の時代

このように、青年期は、きわめて不安定な精神状態の下に、激しい感情の起伏が表出し、もがき苦しみながら自立した大人への道を歩んでいくという意味で、疾風怒濤の時代ともよばれるのです。しかし、青年は、悩み苦しみながら、自分なりの人生観を見つけ、自分なりの世界観を築いていきます。悩みは深く苦しみは大きいほど、青年を強くたくましく成長させます。やがて青年は、自分を生かす道を見つけ、職業に就いて生計を営み、結婚して家族をもうけ、社会の一員としての責任を果たしながら、独立した人間として生きていくのです。

さあ、みなさんも、勇気をもって、「自分って、なんだろう？」と問いかけてみましょう。

◆自己理解検査

自己理解の手がかりとするものに、自己理解検査や職業適性検査や職業興味検査がある。これらは心理学や社会学などの理論に基づいて、自己理解や進路相談のために開発されたものであり、ある程度の客観性が期待できるものである。

市販の各種検査を活用して自己理解を図るときに注意しなければならないことは、検査結果に振り回されて自己を見失わないことである。日頃思っていた自分の姿と大きく違う検査結果の自分像が出ることがある。それが自分の予想外に好ましい結果であることに有頂天になったり、反対に予想外に期待はずれの結果であることに深く傷ついたりすることは正しいことではない。人間の精神世界は、どんなに科学的な心理検査であろうと測りきれない広大で深遠なものであり、検査結果が確実にあなたの真の姿を映しているというわけではない。自分が日頃思っている自分像と、検査結果が教えている自分像とのギャップがどこから生じているのかを冷静に考えることが、あなたの真実の自己理解に近づく道である。

◆ジョハリの窓

アメリカの心理学者ジョセフ・ルフト（Joseph Luft）とハリー・インガム（Harry Ingham）が1955年に発表した自己理解のモデル。それによれば、自己には、「公開された自己」（open self）、「隠された自己」（hidden self）があると共に、「自分は気がついていないものの、他人からは見られている自己」（blind self）もあるし、「誰からもまだ知られていない自己」（unknown self）があるとされる。これらを「自分の視点」と「他人の視点」とから四つの格子窓で表示する。

ジョハリの窓

	自分にわかっている	自分にわかっていない
他人にわかっている	**I 開放の窓** 「公開された自己」 (open self)	**II 盲点の窓** 「自分は気がついていないものの、他人からは見られている自己」 (blind self)
他人にわかっていない	**III 秘密の窓** 「隠された自己」 (hidden self)	**IV 未知の窓** 「誰からもまだ知られていない自己」 (unknown self)

ワークシート

❶下の表の各項目について、まず、自分の欄に、「とてもよく当てはまる」に○、「どちらともいえない」に△、「あまり当てはまらない」に×を記入しましょう。
　次に、班の人に順番に回して、その人があなたを見たら、どう感じるかを記入してもらいましょう。

	特徴を表す項目	自分	A	B	C	D
性格的特徴	明るい。					
	あたたかい。					
	楽天的である。					
	情熱的である。					
	真面目である。					
	誠実である。					
	素直である。					
	ユーモアがある。					
	ひょうきんである。					
	几帳面である。					
	思いやりがある。					
	おおらかである。					
	他人に優しい。					
行動的特徴	責任感が強い。					
	話し好きである。					
	社交的である。					
	奉仕活動が好きである。					
	孤独を好む。					
	深く考える。					
	生活態度がきちんとしている。					
	協調性がある。					
	個性が強い。					
	実行力がある。					
	リーダーシップがある。					
	表現力がある。					
	ねばり強く努力する。					
	冷静な判断力がある。					
	発想が豊かである。					
	慎重である。					
	積極的である。					
	機敏である。					

1章　自分を見つめてみよう

❷左の表を参考にして、自分は自分のことを、どのような性格的特徴があり、どのような行動的特徴があると思っているか、まとめてみましょう。

❸左の表を参考にして、自分は友達からどのような性格的特徴があり、どのような行動的特徴があると思われているか、まとめてみましょう。

❹自分で思っている自分と、友達が思っている自分と違いがありましたか。今回の学習で自分について新しく発見したことはありますか。まとめてみましょう。

G　学習の自己評価 ❀ ❀ ❀

1) 第二の誕生の意味について、よく理解できましたか。	1　2　3　4　5
2) 青年期は疾風怒濤の時代ということを、よく理解できましたか。	1　2　3　4　5
3) 自ら学び、自ら考え、主体的に取り組むことができましたか。	1　2　3　4　5

感想

検印

1-4 「自分史」をつくろう

これまでの自分の歩みを振り返り、人々とのかかわりを思い出してみよう。
自分史を実際につくってみよう。
自分史をつくることによって、これまで気がつかなかった自分自身を見つけよう。

　自分探しの第一歩はみなさんがこれまで生きてきた歩みを振り返ることから始まります。みなさんは、これまでの生活の中で多くの人とかかわり、さまざまなことを経験しながら自分の長所となるものを築いてきたはずです。その経験の中には楽しかった思い出がたくさんあることでしょう。そのときみなさんはどんなことを感じましたか。それらは今の自分にどんな影響を与えていますか。また、なかには思い出したくないことがあるかもしれません。しかし、それらも、みなさんの財産となっているものがあることに気づくでしょう。

　これからのかけがえのない大切なあなた自身の人生を過ごすために、これまで歩んできた道を見つめ、過去を振り返ってみましょう。

 ワークシート

❶次のそれぞれの質問に答えながら、これまでの歩みを振り返ってみましょう。

(1) あなたの一番初めの記憶（幼児期の出来事、思い出）はどのようなものですか。
　　そのとき、誰があなたの周りにいましたか。

(2) 小学校の頃のあなたはどんなことをするのが好きでしたか。

(3) 小学校の頃、先生や親にほめられたことで印象に残っていることはなんですか。

(4) 小学校の頃のあなたは、大きくなったらなにになりたかったのでしょう。

（回答欄）

(5) 中学校時代のあなたが熱中していたことはなんですか。

（回答欄）

(6) 中学校時代、一番うれしかった（悔しかった）のはどんな時ですか。

うれしかったこと

悔しかったこと

(7) 中学校時代、どんな夢をもっていましたか。

（回答欄）

(8) 高校を選んだ理由はなんでしたか。また高校を選ぶ際、誰に相談しましたか。

（回答欄）

(9) あなたはこれまで、誰に、どんなことでお世話になりましたか。思い出す限りを書き出してみましょう。
　　不明な時期は誰かにたずねてみましょう。

いつ	どこで	誰に	なにを	どんな形で
乳児期				
幼児期				
小学校				
中学校				

❷ **❶**のメモをもとに、これまでのあなたの「自分史」をつくってみましょう。

時代	学年	大きな出来事	読んだ本	あなたの出来事・思い出	かかわりのあった人たち
誕生 乳児期					
幼児期					
小学校時代					
中学校時代					
				高等学校入学	

時代	学年	大きな出来事	読んだ本	あなたの出来事・思い出	かかわりのあった人たち
誕生 乳児期				**誕生** 長女として生まれる 病気がちで度々、入院	両親 祖父母が面倒をみてくれた お世話になった看護士さん
幼児期				**保育所入所** 生活発表会の劇で主役	大好きだった 保育士のY先生
小学校時代				**小学校に入学** 担任の先生から泳ぎをほめられ、 オリンピックの選手を夢見る 市内水泳大会で5位入賞 地域のちびっ子キャンプに参加	認めてくれた担任の先生 スイミングクラブのコーチ 育成会のKお父さん
中学校時代				**中学校に入学** 友達とバレー部入部 福祉施設でボランティア体験	一緒に練習したMさん (それ以来親友) 交流を続ける Tおばあちゃん
				高等学校入学	従姉妹のアドバイス

⑥ 学習の自己評価 ✿ ✿ ✿

1) これまでの自分の歩みを振り返り、人々とのかかわりを思い出すことができましたか。	1　2　3　4　5
2) 自分史を実際につくることができましたか。	1　2　3　4　5
3) 自分史をつくることにより、いままで気がつかなかった自分を見つけられましたか。	1　2　3　4　5

感想

検印

1-5 「コミュニケーション・スキル」って、なに？

コミュニケーションの楽しさと課題を考えてみよう。
コミュニケーションのしくみを理解し、スキルを高めよう。
身体と気持ちを意識してコミュニケーションを楽しもう。

❶人とつながるための力

みなさんは一人で生きていくことができますか？人は人といるとき、つながろうとするものです。その手段は現在、多種多様です。高校生のみなさんにとって例えばSNS上でつながる機会は、直接、人とつながるよりも多いかもしれません。

さまざまな手段で人とつながることができるようになった現在、つながることで逆に負担感やストレスを感じてしまうこともあります。

みなさんは友達や学校、地域の方々など多様な人々と適切にコミュニケーションできる人となるよう努めましょう。そうすれば日々の生活やこれからの職業生活が円滑に進むようになります。

みなさんの中には人とかかわることに対し、苦手意識をもつ人がいるかもしれません。しかし、相手の立場や気持ちを理解することを心がけ、話題の選び方や伝え方を工夫するなど、ちょっとしたコツでスムーズなコミュニケーションができるようになります。そのコツがコミュニケーション・スキルと呼ばれているものです。

❷コミュニケーションは共同作業

コミュニケーションは話し手、聞き手のやりとりの中で成立します。そのやりとりが平等で心地よい

ものであれば、コミュニケーションは楽しいものとなり、人と人との良好な関係を築きます。" I'm OK. You're OK（自分も大丈夫で、あなたも大丈夫）"という自然な状態で人とコミュニケーションを図ることができるよう心がけましょう。相手の気持ちや立場を尊重しつつ、自分の思い、考えも率直に伝えましょう。

❸身体とこころを意識して、気持ちよいコミュニケーションを心がけよう

自分がイライラしたまま、相手に気持ちよく話してもらうことは難しいことです。呼吸を整え、落ち着いた状態でほかの人の言うことに耳を澄まし、しっかり受け止める態度を保てるように努めましょう。相手や場に意識を集中して聴く力を高めていきましょう。

伝えたい思いや内容を相手が認めてくれ、心から共感してくれたり、時には批判し、新たな意見を述べてくれるのはとても心地よく、他に代えがたい時間です。お互いの信頼のもと、オープンで温かい雰囲気につつまれたコミュニケーションの場がもてるよう、身体と心の感度を高めていきましょう。

 ワークシート

❶心を落ち着かせ、1分間じっと耳を澄ましてみよう。聴きとれる音をできるだけたくさん書き出してみよう。ほかの人とどんな音が聴きとれたか話してみよう。

＊日常生活でも注意深く聴く姿勢をもてるよう心がけましょう。

❷二人組になり、言葉を使わず、自分の目と顔の表情でさまざまな感情を伝えてみよう。
「うれしい」「満足」「わくわく」「心配」「激怒」「へこんでいる」……

＊アイコンタクトや顔の表情などのノンバーバル（非言語）によるコミュニケーションを意識しましょう。

❸ 2人組になって、外側と内側の人が向かい合って質問し合い、「共通するもの」を見つけてみましょう。

質問例 ▶「兄弟（姉妹）はいますか」「好きな色（食べ物、芸能人）は」「行ってみたい国は」

*人と共有できるものがあったり、似た動きができたりすると嬉しいものです。日常生活の中でも見つけてみてください。

❹「私は自分が好きです。なぜなら～だから」という文章を三つ考えてみましょう。
  以下の言葉リストから直感的に選んで文章を作りましょう。

（1）私は自分が好き。

だから。

（2）私は

（3）私は

〈言葉リスト〉
・明るい　・のんびりした　・敏感な　・さっぱりした　・素直な　・親切な　・落ち着いた　・慎重な
・友達思いの　・まじめな　・意思が強い　・聞き上手　・優しい　・悩む力がある
・その他（　　　　　　　　　　　　　　　　　　　　　　　　　　　　　　　　）

*Ｉ（私）から始めるコミュニケーションも大切にしましょう。
*「アサーション」というコミュニケーション手段があります。調べてスキルを学んでみましょう。

❺ ・❹で完成させた1〜3の文の中から、特に人から言ってほしい文を一つ選び、○をつけてください。

・二人組になり、お互いにワークシートを交換してください。そして相手に「あなたの○○なところが好きです」と感情をこめて言ってもらってください。

❻ 以下のメモを完成させ、グループで自己紹介をしましょう。

です。

私のお気に入りの場所は

です。

好きな動物は

自分の好きなところは

どうぞよろしくお願いします。

＊相手の話を聞く際は、視線を合わせ、相づちを打ちながら聞きましょう。

↻ 学習の自己評価 ✿ ✿ ✿

1) コミュニケーションを理解し、味わうことができましたか。	1	2	3	4	5
2) 望ましい自己表現の仕方を確認できましたか。	1	2	3	4	5
3) コミュニケーションに臨む留意点がわかりましたか。	1	2	3	4	5
4) あなたらしい自己紹介ができましたか。	1	2	3	4	5

感想	検印

1-6 自分探しの体験をしてみよう

今までの自分自身の体験を振り返り、クラスのみんなと共有してみよう。

栽培体験や介護体験、ボランティアなどさまざまな体験をしてみよう。

体験学習や体験の共有から、自分が気づいたことや感じたことについてまとめてみよう。

❶自分探しの体験をしてみよう

みなさんの中には、高校に入学した目的や将来の夢がはっきりしている人もいるでしょうし、まだ自分がやりたいことが見つかっていない人もいるでしょう。まだ見つかってないとしても、あせる必要はまったくありません。早くから自分の道を見つけられる人もいれば、大人になってから見つかる人もいます。総合学科高校は、自分探しに適した学校です。まずは新しい高校生活の中で、さまざまなことを体験し、自分探しをしていってください。

ある人との出会いや、小さな一つの体験がみなさんのその後の人生を大きく変えていく可能性があります。すでに自分の将来の目標が決まっているという人も、もっとほかに自分に合ったものが見つかるかもしれません。いろいろなことを柔軟に感じられる高校時代に、さまざまなことを体験し自分探しをしてみましょう。

❷自分の体験を振り返ってみよう

高校生活で自分探しをしていくうえで、これまでの自分を振り返ってみましょう。みなさんはこれまでどんな体験をしてきましたか。どんな小さなことでもいいですから思い出してみましょう。学校でのこと、家族と過ごした時間、友達と遊んだこと、地域のボランティア活動に参加したこと

など、いろいろなことがあったのではないでしょうか。楽しかったこと、うれしかったこと、悲しかったこと、悔しかったことなどみんなさまざまだと思います。そしてそれら一つひとつの出来事が、今のみなさんをつくっているのです。そしてその中には、将来のみなさんが進む道に大きな影響を与えるものが隠されている場合もあります。

❸体験をみんなで共有しよう

クラスのみんな、あるいは学校の先生は、これまでどのような体験をしてきて、今ここにいるのでしょうか。自分たちの体験をお互いに話し合ってみることを、「体験の共有」と呼びます。自分のことを人に話すことは、恥ずかしかったり少し勇気がいる場合もあります。しかし、人と体験を共有することができれば、お互いを高め合うことができます。

体験の共有の中で、自分と同じような体験をもっている人がいたり、自分の知らない世界を知っている人がいたり、同じような体験をしていても、自分とはまったく違った感想をもっている人がいる場合もあります。それが体験を共有するおもしろさであり、自分の視野を広め、そして自分を成長させてくれるきっかけとなるのです。

人間一人が体験できることはごく限られています。いろいろなことに挑戦したり、またその体験をお互いが共有することによって、新たな自分が

見つけられることがあります。みんなと積極的に体験を共有してみましょう。

❹みんなで体験学習をしてみよう

さて、この時間にも体験学習を実際に行ってみましょう。学校によって体験できる内容は違うでしょう。その体験はすでに自分は体験したことがあることもあるかもしれません。また、みなさんにとってまったく興味のわかないものもあるかもしれません。しかし新しい環境で、新しい友人と積極的に取り組むことによって、自分にとってかけがえのない体験ができるかもしれません。すでにいろいろな学校でさまざまな体験学習が行われています。

学校に農場があるところでは、みんなで田植えの体験から収穫までを体験したり、1年生全員が一人一人自分の畑をもって、トウモロコシや枝豆などの作物を育て、収穫祭を行っているところがあります。畑には一人一人の個性が出ます。毎日、畑を見守って見事な野菜を作る人、がんばってもうまく育たなかった人、はじめは農業に興味がなかったのに大きく育つ野菜の姿を見て、野菜作りに目覚めた人、自分はなにもしなかったのに友人の助けでその友人より見事な野菜が育った人など畑の様子は人それぞれです。

車椅子で生活している人を学校に招いて、車椅子生活の体験談を聞いたり、実際に車椅子の乗車体験をしているところもあります。実際に障害のある人から話を聞く体験は、マスコミや教科書などからの一方的な見方だけではなく、お互いの理解を深める良い体験となっています。

海外の学校との交流や、近隣の大学から留学生を招いて交流活動を行っているところもあります。グローバル社会になり世界とつながった今、高校生のうちから世界を意識していくことも大切です。ほかにも地域で清掃ボランティアに参加したり、老人ホームで介護体験を行うなど、各学校でいろいろな体験学習が行われています。こうしたさまざまな体験学習から、たくさんの気づきや多くの学びを得ることができます。(【資料1】「体験学習の感想」)

❺体験や体験の共有から自分の可能性を見つけよう

自分探しをするには、まず、自分がさまざまなことを実際に体験してみることが一番です。もちろんテレビで観たり本で読んだりすることも大切ですが、やはり実体験にまさるものはありません。新しいことに挑戦したり体験することは、気恥ずかしかったり、めんどうくさかったり、勇気がいることもあります。しかしそんな中から、自分の可能性が見つかる場合があります。また友達とさまざまな体験を共有できれば、お互いにとってとてもすばらしい発見があるかもしれません。心を閉ざしていると、自分を見つけるチャンスを失ってしまうこともあります。

総合学科高校の特徴である「自分だけの時間割」を作る際に、さまざまな体験をしたうえで、自分と向き合い、科目選択を行っていくことは、高校3年間の学びの満足度を高めていくことにつながります。

学校外でも、多くの体験学習の機会があります。大学が提供するオープンキャンパス、NPOが主催するワークショップ、企業が提供するインターンシッププログラム、国際機関が提供する海外体験プログラムなどさまざまです。ビジネスアイデア、商品開発プランなど、高校生が参加できるコンテストも多数あります。みなさんが暮らしている地域では、市民講座や自治体が提供するプログラムなど、地域の社会課題と出会う場面があるかもしれません。特別なプログラムがなくても、家族や親族、近所のみなさん、友人・知人のお手伝いをするだけでも新しい自分を発見できるかもしれません。

今回の授業だけではなく、高校時代にさまざまなことに挑戦して、本当になりたい自分を探していってください。

ワークシート

❶自分がこれまでに体験したことで印象に残っていることを書いてみましょう。

家庭でのこと

学校でのこと

その他、いろいろな場面でのこと

❷みんなの体験談を聞いてまとめてみましょう。

_____ さんの体験

_____ さんの体験

_____ さんの体験

❸体験の共有から、気づいたことをまとめてみましょう。

❹「産業社会と人間」の時間で行った体験学習についてまとめてみましょう。

●なにに関する体験学習を行いましたか？

に関する体験学習

●体験学習で学んだことや感想をまとめてみましょう。

●クラスのみんなの体験学習の感想を聞いてまとめてみましょう。

●この単元の学習で感じたこと、学んだこと、気づいたことをまとめてみましょう。

🔄 学習の自己評価 ✿ ✿ ✿

	評価				
1) 今までの自分自身の体験を振り返ることができましたか。 またクラスのみんなと体験の共有ができましたか。	1	2	3	4	5
2) 体験学習に積極的に取り組むことができましたか。	1	2	3	4	5
3) 体験学習や体験の共有から、自分について見つめることができましたか。	1	2	3	4	5

感想

検印

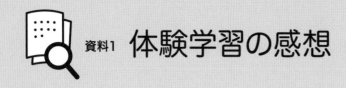

資料1 体験学習の感想

車椅子生活者の方の体験談を聞いたM.Y.さん

　亡くなった私の祖父は、足の障害がありました。でも、会いにいって泊まっても「ああ、そういえば障害があるんだっけ」という感じで、ぎこちなく歩く姿やつえをついてあるいていても、障害を感じない祖父でした。でも祖父が幼い頃は、同級生たちにいじめられていたそうです。このことはわたしがまだ小学生の低学年ごろに母から聞いた話ですが、小学生ながら祖父の偉大さを感じずにいられませんでした。

　一番ベストなのは、やはり障害のある人も"同じ"だってことを、小さい頃から気づくことだと思います。そうすれば、いじめだってとうの昔になくなっていたことでしょう。でも、祖父の時代も私たちの時代も、障害があるひとが住みやすいところではないと思います。

　障害があるひととの接し方に、特別扱いしろとはいってないし、言おうとも思わないけれど、考えてみれば障害のあるひとは、目が見えないとか、足が動かないとか、障害のない人よりはたくさんの苦労をしてきたことをわかってあげたいし、わかってもらいたいです。だから21世紀は障害があるひとたちでも住みやすい時代にしたいです。

農業体験をしたM.F.さん

　私は2年生なってから、農業や環境に関する科目を中心に選択し、農業や自然とのかかわり方について学んでいます。

　1年生の産社の農業体験は、トウモロコシとエダマメを8人班で育てるという授業でした。野菜の世話や食べるまでの下処理の大変さを知ることで、身近な「食」について見直したり班の中で協力する大切さを学びました。

　2年生に入り、私は環境問題に興味があったので、人間と自然が共生していく方法を知りたいと思うようになりました。多くの環境問題は人間が地球の資源を使いすぎていることが原因で起こっているからです。実際に農業の授業をとってみると、1年生の時の体験とは違い、畑は自分だけで長期間管理しなくてはならず、農業のきつさや経営の厳しさを実感しました。たくさんの実習や座学を重ねる中で、私の中に社会の課題や物事を「農業」から見る、という視点が一つ増え、とても勉強になっています。

海外フィールドワークで、生まれて初めてインドネシアに渡航したI.T.さん

　私は、今回、インドネシアで「森林保全活動」にかかわり、地域レベルの問題点、人々の生活習慣、人間関係など、世界規模の課題解決には、一人一人がその問題に当事者としてかかわることが不可欠だと学びました。

　村でのインドネシア人高校生との合宿生活で、協働活動は辛いことも、問題解決の壁にぶつかる事もありました。しかし、やり遂げた後には、共通の目標のもと、みんなで協働しながら解決に向けてアクションを起こすことは、大きな力をもつと実感しました。日本人高校生もインドネシア人高校生も異なるバックグラウンドをもっているからこそ、意見交換やアクションの中で、お互いを補い合える、強い関係性を築くことができたと思います。

　インドネシアでの学びは、日本に帰って来てからも私の意思決定、行動選択の力強い後押しとなり、何事へも積極的に動く原点となっています。高校生のひと夏で、「経験」「仲間」という大きな財産を手に入れることが出来ました。

車椅子の体験

アイマスクの体験

農業体験（自分の畑づくり）

地域の清掃活動

インドネシアの小学校での協働活動
（環境問題を考える創作劇の上演）

インドネシアの国立公園での調査
（エコツーリズムに関する聞き取り）

1-7 地域を知って、地域から学ぼう

私たちの地域の重要性を知ろう。
私たちの地域の特徴を知り、地域の未来のためにできることを考えよう。
私たちも地域の一員である「市民」としての自覚をもとう。

❶地域の役割

　地域は、私たちの社会生活の最小単位です。その地域ともっとも直結している生活の基盤が、市区町村です。市区町村には役所や役場が置かれ、選挙で選出された議員による議会が置かれています。

　さらに、学校や保育園、文化施設や商業施設、働く場所等があります。すなわち、市区町村には政治、経済、教育、文化等の仕組みがあります。加えて、医療、福祉、環境、防災、安全等、私たちの生活にもっとも直結した存在となっています。とりわけ、2011年3月11日の東日本大震災以降、地域の防災対策は非常に大きな課題となっています。

　現代は「地方分権」の時代と言われ、国の方針に基づいて、さまざまな権限や役割が地方に移譲されています。すなわち、市区町村の施策はすべて国とつながっています。このように、市区町村を知ることで、地域の特徴がわかると共に、地域を知ることによって、今の日本の施策や課題がわかることになります。

❷私たちの住んでいる地域の様子を調べよう

　社会の変化は、私たちの身の回りにもいろいろな形で現れてきています。自分が今生活している地域のことを知ることは、社会の一員として生きていくうえで、とても基本的なことです。そのためにも、私たちが生活している市区町村の様子や、産業、環境、文化、防災対策等の特徴について調べてみましょう。各市区町村では、いろいろな方法で住民に対して情報発信を行っています。

広報誌の活用

　各市区町村では、定期的に広報誌を発行しています。広報誌は各家庭に直接配付されていますので、目にすることも多いと思います。広報誌には、議会や地域の概況、行事や生活に関係する情報等がわかりやすく書かれています。

ホームページの活用

　現在では、各役所や役場がホームページを開設しています。ホームページには、その市区町村の概況や、重点的に取り組んでいる政策や事業、長期的な計画、文化や伝統、四季折々の行事等のほか、生活するうえで必要な情報や手続き等についても記載されています。

　また、一方的な情報発信だけではなく、「質問箱」や「パブリックコメント」等、住民側からの意見の発信もできます。当然、自分の住んでいない地域のホームページも見ることができますので、自分の地域と比較することもできます。

❸役所・役場訪問

　広報誌やホームページは一般的な情報源であるた

めに、本当に知りたいことや、自分の家の周りのことなどについては、十分な情報を得られるとは限りません。そのようなときは、直接市（区）役所や町（村）役場を訪問することが必要となります。

なにを調査するのか

役所や役場にはいろいろな部署があり、部署によって得られる情報も異なります。なにを知りたいかによって対応も異なります。そこで、事前に調べたいことをまとめておきましょう。地域調べでは、主に下記のようなことが、考えられるでしょう。

地域調べのポイント	
地域の概況	人口や年齢構成、就学者の数、高齢者の数などの経年変化など
産業の概要	産業別人口構成や事業所数、地場産業として重点的なことなど
地域の歴史や文化	地域の成り立ちや文化財、伝統芸能、お祭りなど
重点的な施策	地域開発や町おこし等もっとも力を入れていることなど
長期的ビジョン	5年先や10年先を見越した町づくりの方針など
地域の課題	人口減少、少子高齢化対策や福祉、環境問題、財政等の対応など
防災対策	防災対策や緊急時の対応、ハザードマップなど
近所の様子	自分の家の周りは将来どうなるのかなど

どうやって訪問するのか

いきなり訪問しても、十分な調査はできません。そこで、必ず事前に日程や目的等を伝え、訪問の打ち合わせをしておきましょう。特に、親類や知人に役所（場）関係の方がいる場合は、その方にいろいろ指導していただくことも必要です。一般的には、下記のような手順となります。

①役所（場）に連絡（電話・手紙・訪問等）し、訪問する目的や訪問者数を伝え、日程の調整を行う。その際に、目的に応じて最適な部署を紹介してもらえるはずです。

②指定された日時に対応していただく部署を訪問する。質問事項等は事前にメモをしておくこと（失礼のない対応をする）。

③資料をもらえることも多いので、その資料についてよく説明をしてもらうこと。

④聞いた話は必ずメモをとっておくこと。

⑤もらった資料や聞いた話は、早めにまとめておくこと。

⑥後日に必ずお礼状とともに、自分たちでまとめた資料を送付すること。

訪問の結果を整理する

目的をもって、役所や役場を訪問しました。その結果は、しっかりとまとめましょう。

知りたかったことや疑問に思っていたことは、実際に訪問したことで解決できたのではないでしょうか。さらに、それまでの知識に加えて新たにわかったこともあるでしょう。

それらについて、目的に応じてしっかりと整理してください。整理することによって、地域の取り組みについての理解が深まることとなります。そして上記にあるように、その資料を訪問先にも送ることが、お世話になったことへのお礼となります。

❹市民としての役割を考えよう

2016年度より選挙権が18歳に引き下げられ、2022年度より成人の年齢が20歳から18歳に引き下げられます。すわなち、私たちが高校を卒業するときには「成人」としての役割と責任をになうこととなります。そのためには、地域の一員である「市民」としての役割や責任を自覚することです。

この調査を通して、私たち自身が市民であり、地域の一員であることの自覚を深めましょう。そして、10年後や20年後に地域を支える私たち自身の役割について、考えてみましょう。それが、市民である私たちに与えられた責任です。

私たちは、知らず知らずに地域からたくさんの恩恵を受けています。だからこそ、これから私たちがなにをすべきか、どのような役割をもたなければならないか、どのような責任があるのかを考えていかなければなりません。今後はいろいろな活動を通して、私たち自身が地域にお返しをする番です。

　ワークシート

❶地域調査

訪問場所

訪問日時

対応してくださった方

訪問者

❷質問したい事項（調べたい事項）

-
-
-
-
-

❸あなたの地域はどのような特徴がありますか。

❹あなたの地域とクラスの友達の地域では、その特徴にどのような違いがありましたか。

❺地域の一員である市民として、あなたは今後どのようなことを心がけようと思いますか。

❻地域の将来に対して、あなたにはどのような役割があると考えますか。

6 学習の自己評価 ✿ ✿ ✿

1）あなたの住んでいる地域について理解できましたか。	1	2	3	4	5
2）地域の将来を考え、積極的にかかわる意識がもてましたか。	1	2	3	4	5
3）市民としての役割や責任について理解できましたか。	1	2	3	4	5

感想

検印

自分以外のすべての人と積極的に交流しよう。
さまざまな人とのかかわりの中で自分のことを知ろう。
多様な人たちでつくられる共生社会について考えよう。

❶交流活動で目指すこと

人とのかかわり

　私たち一人一人には、個性があります。生まれ育ったもの。生活している環境の中でつくられたもの。経験の中でつくられたもの。偶発的にできたもの。さまざまなことが要因で個性がつくられています。しかし、個性的であることと独善的であることは違います。私たちは常に人とかかわり合い、助け合いながら生きていかなければなりません。社会の中で生きていくためには、多様な個性をもち合わせている人と人とがお互い同士を尊重し合い、手をたずさえていくことが必要となります。多様な人たちが協力し、協働するからこそ、豊かな社会がつくられていくものです。

人を知って自分を知る

　自分を知るためには、さまざまな人とのかかわりの中で、新たな自分を発見することが必要です。すなわち、人のことを知り、人のことを尊重することで、その人を通して自分を理解することができます。高校生である私たちは、これから多くのことを学びながら大人になっていきます。そのためにも、いろいろな機会を利用していろいろな人と接することが、私たちには重要なことです。

交流活動とは

　交流活動とは、ふだんの生活とは違う場面で、いろいろな人と接する活動のことです。学校を離れて、あるいは学校に招いて、毎日の学校生活では体験できない人との交流を体験することです。交流活動においては、次のことが大切になります。

　①交流する相手の人を一人の人として尊重し、学ぶ姿勢をもつこと
　②交流する人の視線に立って考えていくこと
　③しかし、自分のこともしっかりと表現すること

❷同じ世代の人との交流活動

　2018年度学校基本調査によると、中等教育学校後期課程を含む高校の本科に在籍している人が約324万人、高等専門学校の1〜3年に在籍している人が約3.3万人、特別支援学校の高等部本科に在籍している人が約6.9万人、働くための専門的な勉強をする専修学校高等課程に在籍している人が約3.6万人います。さらに、私たちと同世代で職業をもち、社会人として活躍している人もいます。

　同世代の人との交流活動では、それぞれの立場の中でいろいろな考え方や個性をもつ人が、それぞれの場で活躍していることを知り、自分自身の視野を広げることが求められます。さらに、同世代の仲間たちの考えをしっかりと受け止め、これからの社会を共に生きていくことの自覚を深めることが求められます。

❸地域における交流活動

　私たちの住む地域には、小学校や中学校、幼稚園や保育園などの私たちよりも年齢の低い子どもたちが学ぶ学校や施設があります。また、さまざまな職業で活躍している方はもちろん、高齢の方が活動する施設や生活する施設、障害のある方が生き生きと働く施設や生活する施設などもあります。地域における交流活動では、私たちとは異なる年齢の人たちが対象となることが多くなります。

　小さい子どもたちとの交流活動では、私たちが大人や先輩から教えられたことを逆に子どもたちに教えると同時に、子どもたちと共に学ぼうとする姿勢が必要となります。最近の小・中学校では、「総合的な学習の時間」を中心に、高校生と交流する機会も多くなりました。私たちが高校で学んだことを生かしながら、小・中学生にとっての身近な先輩として交流することが期待されています。

　大人や高齢の方との交流活動では、私たちよりもたくさんの経験を積んでいる方々が対象です。その方たちの言葉の一つ一つには、経験に裏づけされた重みがあります。そのような方たちの言葉に耳を傾け、これからの生き方を学ぶことが求められます。

　地域における交流活動では、さまざまな年齢の方と一緒に話したり考えたりすることを通して、お互いが助け合い、支え合い、明るく生きていける地域づくりの意識をもつことが求められます。

❹これからの社会をつくる私たちに必要なこと

　今の社会は「共生社会」といわれます。共生社会とは「誰もが相互に人格と個性を尊重し支え合い、人々の多様なあり方を相互に認め合える全員参加型の社会」（文部科学省より）のことです。共生社会は、男性や女性、心と体の性が異なる方、高齢の方や若い人たち、障害のある方やない方、経験者と初心者、異なる国籍の方や異なる文化をもっている方々など、多様な人たちがお互い同士を認め合い、尊重し合い、助け合いながら共に生き、それぞれの役割を生かしていく社会です。これからの社会生活の中心をになう私たちには、共生社会の構築に向けて、率先して取り組むことが求められます。

　以下は、ある学校で行われた特別支援学校との交流活動の感想文の一部です。

> 「産業社会と人間」の授業の中で、私たちは特別支援学校との交流を行いました。はじめにその話を聞いたとき、私は彼らとどのように接したらよいかわかりませんでした。
>
> （中略）
>
> 交流会当日。特別支援学校のみなさんは、私たちの歌とダンスを素直に楽しんでくださいました。特別支援学校のみなさんは、素敵な踊りを披露してくださり、私たちもとても楽しめました。いっしょに話したりいっしょにゲームをしているとき、彼らは本当に生き生きとしていました。一つ一つのことに一生懸命で、感情を素直に表現していました。彼らの元気な姿と接して、自分もちゃんとしなければいけないと感じました。
>
> 特別支援学校のみなさんと接していると、優しくすることだけが親切ではなく、いっしょに考え、いっしょに笑う、普通に友達として接することが一番だと思いました。
>
> 私たちが忘れかけていたこと。人と人との交流の本当の意味を実感することができました。人としての素直さを考えることができた交流会。人と人との交流の本当の意味を学び、改めて自分を見つめ直すことができました。

　これからの社会の中で生きていく私たちは、自分以外の人たちのことを尊重するとともに、自分自身も周りの人から一人の人間として認められることが必要となります。その上で私たちには、周りの多くの人たちと共に支え合いながら、これからの社会をつくっていくことの自覚が重要となります。多様な人たちが、それぞれの役割をにないながら活躍していく「共生社会」をつくるために、交流活動の中で多くのことを学んでいきましょう。

ワークシート

❶あなたが交流活動を行うところについて調べてみましょう。

①交流先の名称

②交流先の住所

③交流先の特徴

❷交流活動の前に、どのようなことを調べたり、どのような準備をしましたか。

①交流活動の目的

②交流活動の内容

③交流活動の準備

❸どのような交流活動を行いましたか。

❹今回の交流活動を通して、あなたはどのようなことを学びましたか。

❺これからの社会をつくる上で、あなたはどのような決意をもちましたか。

6 学習の自己評価 ✿ ✿ ✿

1）交流活動の目的を理解し積極的な交流が行えましたか。	1　2　3　4　5
2）交流活動で自分のことを理解することができましたか。	1　2　3　4　5
3）多様な人たちとつくる共生社会について理解できましたか。	1　2　3　4　5

感想

検印

1-9 ボランティアって、なに？

ボランティアの意味を理解しよう。
ボランティアを体験した人の感想を聞いてみよう。
ボランティアを体験し、なぜ行うのか考えよう。

❶ボランティアの意味は？

　ボランティアは日常生活の中で「視野を広め、新しい自分を発見し、自らを向上させる」という視点に立った活動といわれています。また、ボランティアなどの利他的な社会貢献をすることにより、幸福度が上がるとも言われています。ボランティアの活動の範囲は今までの福祉・教育といったものに加え、災害・環境保護等へ広がりを見せています。

　ではボランティアは具体的にどんな活動や人を意味するのでしょう。辞典にはこう書いてあります。

【ボランティア】
本来は、有志者、志願兵の意味。社会福祉においては無償性、善意性、自発性に基づいて技術援助、労力提供等を行う民間奉仕者をいう。

(『新版社会福祉用語辞典』中央法規)

　もう少しやさしく定義するとボランティア活動は、このような活動といえます。

---

①個人の自由意志による自主的な活動
②すべての人が人間らしく生きるためのみんなの活動
③報酬など見返りは求めない活動

　ということは「自発的に無償で自分も含めたみんなのために行うことだ」といえるでしょう。人は一人では生きていけません。多くの人や自然とかかわり合って生きています。そのかかわりの中で互いに足りないところや協力してほしいところを補い合って生きていきます。そのような活動の一つとしてボランティアがあります。だからこそ大切な活動といえます。

❷ボランティアの活動内容は？

　さて、日本のボランティア活動者の登録総数は2009年で730万人に上りました。1995年の阪神淡路大震災の救助活動に参加したボランティアの延べ人数は推計103万5千人、この年を「ボランティア元年」とよぶ人もいます。その後、2011年に起こった東日本大震災のときにも多くのボランティアが活躍しました。(2011〜2017年の岩手・宮城・福島3県のボランティア活動者数、延べ154万660人)

　ところでボランティア活動の内容にはどんなものがあるでしょうか？　いくつかあげますと、

①「高齢者を対象とする活動」
②「乳幼児・児童を対象とする活動」
③「障害のある人を対象とする活動」
④「環境問題を対象とする活動」
⑤「国際的な問題を対象とする活動」
⑥「芸術・文化・スポーツなどでの活動」
⑦「災害救助活動」ほか

　みなさんはどんなボランティアに関心がありますか？　関心はあってもきっかけがないとか、どのよ

うに活動したらいいのかわからないという人もいるでしょう。そのようなときは、みなさんが住んでいる地域のボランティアセンターや市町村の社会福祉協議会に連絡してみましょう。いろいろ教えてくれるはずです。例えばボランティアのサークルを紹介してくれたり、ワークショップの開催日を教えてくれたり、さまざまな情報をもらえるでしょう。また、インターネットで厚生労働省や地方自治体のホームページにアクセスするのもよいでしょう。

❸ボランティアの心構えは？

なにをするにも情報を得ることは大切です。事前準備がないよりあったほうがいいわけです。では、ボランティア活動をするにあたっての心構えはどうしたらよいでしょう？　この10ポイントが大切だといわれています。

1	自分の身の回りから手がけること
2	相手のニーズに合わせて活動すること
3	細く長く無理をしないこと
4	約束を果たすこと
5	活動のけじめをつけること
6	活動を点検し、記録をとること
7	絶えず学習し、自分を成長させること
8	謙虚であること
9	家族や職場の理解を得ること
10	秘密を守ること

（参考『ボランティア・ハンドブック』大阪ボランティア協会編）

無理をせずに、相手の立場に身を置いて考えて行動することが大切なわけです。ボランティア活動を通して多くの人と出会うことができます。学校生活と違い、年の離れた人とも多くかかわることでしょう。人とのコミュニケーションで大切なことは、ボランティア活動でも大事なわけです。

ともかくまずは、自分のできるところから始めてみましょう。

例えば、ゴミ拾いも環境ボランティア活動です。学校から最寄りの駅・バス停までの通学路のゴミ拾いをしてみましょう。どのくらいの量が拾えるでしょうか？　また、学校の周辺の車椅子ガイドマップ（車椅子利用者にとってどこが外出しやすいか、しにくいか等を点検して1冊の本にまとめる）を作り、配布するのもボランティアですし、駅前での募金活動もボランティア活動です。そのほかにも、地域でのスポーツの大会や芸術鑑賞会などのイベントでのボランティア、福祉施設でのボランティア、小学生の学習を支援するボランティア、動物保護に関するボランティア、植林のボランティアなどさまざまなボランティア活動があります。

ただ、活動する前に活動をしたことがある人にいろいろ話を聞いてみることも大切です。またボランティアをする前にボランティア活動保険に加入することも大切です（保険については全国社会福祉協議会のHPを参考にしてください）。

そして活動を実際にしてみて、ボランティアの意義を自分自身で振り返り考えてみましょう。

ワークシート

❶下のボランティア活動は具体的にどこでなにをするのか調べてみましょう。

①高齢者を対象とする活動

②乳幼児・児童を対象とする活動

③障害のある人を対象とする活動

④文化施設やスポーツの大会などでの活動

⑤ 環境問題を対象とする活動

⑥ 国際的な問題を対象とする活動

❷ボランティア活動と行政の行う福祉施策との違いを話し合いましょう。

❸ボランティア体験シート

①いつ、どこで、どんな体験をする予定ですか？（事前）

②これから体験するわけですが、今どんな気持ちでいますか？（事前）

③今回どんなことをしましたか？（活動内容）

④体験での印象的な出来事を書いてください。（事後）

⑤その他、体験の感想を書いてください。（事後）

⑥あなたにとってボランティア活動とはどんなことだと思いますか？

学習の自己評価 ✿ ✿ ✿

1) ボランティアの意味についてよく理解できましたか。	1	2	3	4	5
2) ボランティア体験者の話からなにか学べましたか。	1	2	3	4	5
3) ボランティアの体験を通して自分にとってのボランティアの意義を学べましたか。	1	2	3	4	5

感想

検印

資料2 ボランティア体験の感想

ボランティアに参加してみて

　私は学生ボランティアサークルに参加するようになって３年目。今までにサークルを通していろいろな人に会い、さまざまな意見を聞きました。サークルに参加することによって、個人では味わえない活動が出来ました。車椅子体験会などを企画・準備し、参加者を募って実行するという達成感を味わえました。と同時にサークルの仲間は大切だという喜びも実感できました。また準備などを通して社会福祉協議会の方とより仲良くなりました。準備を手伝ってもらったり参加者の安全面を考えてもらったりと社協の重要さも改めて感じました。サークルの活動とは別に個人では、社協主催のワークキャンプに参加し特別養護施設に３泊４日で実習に行ったりしています。ボランティア活動が時には強制のように言われることもあるけれど私は今まで通りに自発的に活動していきます。そしていろいろな人とかかわっていきたいと思います。ぜひみなさんも自分のできる形でボランティアにかかわってください。とても自分を成長させます。

（高校２年女子）

　私は３年間、毎月１回認知症高齢者のためのグループホームでボランティアをしてきました。最初はなかなか名前も覚えてもらえなかったけど、継続して参加しているうちに名前を覚えてくれ、私が参加できないときも、「今日は来ないのか？」と言ってくれていたようです。２年目からは、レクの内容を任せてもらえるなど、職員さんからも信頼してもらえるようになりました。ボランティアというと、「してあげる」というイメージがありましたが、認知症のおじいちゃんやおばあちゃんから、してもらったことがたくさんあります。学校の課題に追われてあまり元気がなかったときには優しく声をかけてくれ、私の誕生日には一緒にお祝いしてくれました。ボランティアはときどき大変なこともあったけど、普段学校ではかかわるチャンスのない人たちとボランティアでかかわれたからこそ、私を成長させてくれ、広い視野で物事を見られるようにしてくれたと思います。

（高校３年女子）

（参考）ボランティアのかかわり方

　「ボランティアとはどんな人か？　結論からさきに言うと、私は次のように考えている。あるきっかけで直接または間接に接触するようになった人が、なんらかの困難に直面していると感じたとしよう（地球環境の破壊のように、人類全体が直面する困難も含めるものとする）。ボランティアとは、その状況を『他人の問題』として自分から切り離したものとはみなさず、自分も困難を抱えるひとりとしてその人に結びついているという「かかわり方」をし、その状況を改善すべく、働きかけ、『つながり』をつけようと行動する人である。」

（金子郁容『ボランティア　もうひとつの情報社会』p.65、岩波新書、1992年）

2章

生きていくこと 働くこと

2-1 働くことって、なんだ？

働く意義について考え、将来の職業人としての自分の姿を描こう。
周りの友人の考える働く意義と自分の考える働く意義を比較し、
人によっていろいろな考え方があることを知ろう。
職業の三つの要素について理解を深めよう。

❶「働くこと」について考えよう

どんな職業に就きたい？

　職業分類職業名索引（第4回改訂版2011年）によると、世の中にはおよそ1万7千種類の職業があるとされています。そしてすべての職業は社会にとって貴重な財産であり、すべてつながりをもったものなのです。

　将来、みなさんはなんらかの職業に就くことになります。自分が仕事をしている姿を想像してください。未来の自分の姿が見えますか。そこにいる自分はなにを考え、なんの目的で仕事をしているのでしょうか。また、今の自分から未来の自分に対して「こんな気持ちで仕事をしていてほしい」という希望がありますか。

　「仕事をすること」は、人生の大きな部分を占めることになります。その意義をよく考え職業を選択できる力をもつことが、より楽しく充実した生活を送るために必要なことなのです。

社会の流れと個人の仕事

　さて、日本では少し前まで、一度就職したら一生その会社に勤める「終身雇用」という形が多く見られました。しかし、国際化や情報化という流れの中で、その形はもはや過去のものになっています。そしてこの流れは、これまで以上に激しいものになっていくことでしょう。これはどういうことを意味するのでしょうか。そして、私たちの生活にどのよう

に関係してくるのでしょうか。

　変化の激しい世の中においては、新しい仕事、新しい職業が数多く生み出されます。逆に情報通信技術の発達や産業の国際化にともなってあまり必要とされなくなる仕事、職業が出てくることも考えられます。新しく生み出された仕事で、自分の才能を大いに発揮できるチャンスになるかもしれませんし、今までの自分のままでは生きていけない、仕事ができないピンチになるかもしれません。またAI（artificial intelligence）技術の発達によって、今ある多くの仕事はそれらに取って代わられることも予測されています。

　その現実に直面したとき、自分の生き方やあり方、価値観をもっている人は、自己を見失うことなく生きていくことができます。しかし、そうでない人は大きな流れに飲み込まれ、なにをしたらいいのかわからなくなってしまうでしょう。

　そのような社会を生きるみなさんが、はじめに出会う現実が「職業選択」です。自分のことをよく見つめ、しっかりした考え方をもってこの現実を解決することができるならば、将来出会うであろう困難も克服し、生きることができるでしょう。

　この機会に真剣に「働く意義」について考察してみましょう。

 ワークシート

❶職業選択の基準はなんですか?

もしあなたが職業を選ぶとしたら、あなたの基準はなんですか。次の表には職業を選ぶときのいくつかの視点があげてあります。それぞれの項目について自分としては「とても重視する」〜「まったく重視しない」のどこに当てはまるか、○印をつけてみましょう。

	とても重視する	やや重視する	どちらでもない	あまり重視しない	まったく重視しない
①高収入が得られること					
②安定した収入があること					
③失業する可能性が低いこと					
④自分にとって楽しいと感じられること					
⑤自分の能力・適性が発揮できること					
⑥自分の理想や夢を実現できること					
⑦世の中のためになること					
⑧社会あるいは会社といった組織の役割を担うこと					
⑨職場で周囲の人たちと交流を深めること					

❷ ❶の表中で自分がもっとも重視するとしたのは、何番の項目ですか。それはどうしてですか。

❸グループごとに❶の表をまとめてみましょう。
〈グループディスカッション〉

	とても重視する	やや重視する	どちらでもない	あまり重視しない	まったく重視しない
①高収入が得られること					
②安定した収入があること					
③失業する可能性が低いこと					
④自分にとって楽しいと感じられること					
⑤自分の能力・適性が発揮できること					
⑥自分の理想や夢を実現できること					
⑦世の中のためになること					
⑧社会あるいは会社といった組織の役割を担うこと					
⑨職場で周囲の人たちと交流を深めること					

❹グループの中でお互いに❷で書いた内容を発表しましょう。

他の人の意見を書き留めましょう。

❺グループ集計の結果を見て、働く意義について話し合いましょう。

❻実際に仕事をしている人は、働く意義についてどのように考えているのでしょうか。82ページの【資料4】「実際に仕事をしている人の声を聞いてみよう」を読んで、感想を書いてみましょう。

❷職業の三つの要素について まとめよう

　職業を選択する際の基準や視点は、人それぞれの考え方でいろいろなものがありますが、職業を選択する際に最低限考えなければならないことがあります。それが職業の三つの要素（経済性・社会性・個人性）です。

　人が仕事をするのは、収入を得て生活を支えると

いう以外にもさまざまな目的があるはずです。高い収入が得られたとしても、その仕事に自分自身が満足できなければ楽しい生活を送ることはできません。

　職業選択の基準としてこの三つの要素をバランスよく考えることができるか、そして実際に仕事をする場面では、三つの要素を満たすことができるよう自ら主体的に行動することも大切です。

◆仕事の三要素

　みなさんは近い将来、何らかの職業に就くことになるでしょう。そして、人生のかなり多くの時間を「仕事をする」ことに費やすことになります。何のために仕事をするのかということは人それぞれ違いますが、そのことを考える上で必ず含まれる要素が3つあります。一つ目は「経済性」です。経済性とは、仕事をすることによって、自分および自分の家族が生活を維持するために必要となるお金を得ることです。二つ目は「社会性」です。社会性とは、仕事をすることによって社会的な役割を担う、または社会に貢献するということです。三つ目は「個人性」です。個人性とは、仕事をすることによって生きがいを高めたり、自分の夢を実現させたりすることをいいます。

　人によって生き方を考える上で大切にしたい価値は様々ですので、3つの要素のどの側面に重きを置くのかは人によって異なります。また、年齢を重ねるに連れて、そのバランスにも変化が生じます。どのような働き方を選択するかは、みなさん自身が判断することになります。

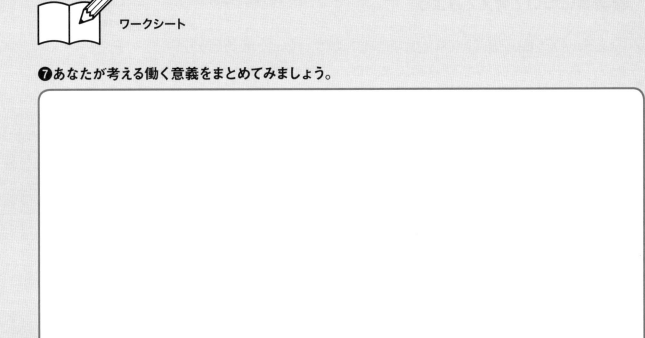

ワークシート

❼あなたが考える働く意義をまとめてみましょう。

　　学習の自己評価

1) 働く意義について考えることができましたか。	1　2　3　4　5
2) 働く意義は人によりさまざまな考え方があることがわかりましたか。	1　2　3　4　5
3) 職業の三つの要素について理解できましたか。	1　2　3　4　5

感想

検印

2-2 職業について調べてみよう(1)

職業の種類やその特徴を理解し、自分に適した職業はなにか考えよう。

職業的な視野を広げ、将来を広く見ることができるようにしよう。

進路実現を図るためには、職業をよく知ることが大切であることを理解しよう。

❶職業について考えてみよう

あなたはどんな職業に就いてみたいと思っていますか？　どんな仕事をしてみたいと思っていますか？　将来の職業生活、その期間は約40〜50年という長い期間になります。できればやりたい仕事をずっと続けられることがいいでしょう。これから先の職業選択はあなたの人生に大きく影響するものとなります。悔いのない選択をするためには、できるだけ早く将来のことについて考え、必要な情報を集めることが必要です。1年生だからまだ早いのではなく、1年生だからこそ将来の職業について考え、実現に向けて高校生活でできるだけの準備をしたいものです。

❷職業を調べてみよう

細かく分類すると5万種類以上ともいわれる職業、これからあなたが目指す職業はどれになるのでしょうか。多くの職業の中から、あなたの適職を探すのは大変なことです。適職探しのために第1章で

は、自分を見つめてみました。そして、働くことについて考え、ここでは、あなたが目指す職業について、具体的に調べてみましょう。

あなたは、あなたが目指す職業についてどのくらい知っていますか？　どういう仕事の内容なのか、自分をどれだけ生かせるのか、どういうことを身につけておかなければいけないか、職業を取り巻く状況と将来性など、十分に情報を集め、検討しておく必要があります。職業名だけで仕事の内容をよく知らずに進路を決めようとする人がいます。それでは、仕事は長続きしないでしょう。充実した職業生活を営むことはできません。職業について理解を深め、あなたの適性に合った仕事探しをしてみましょう。

職業を理解するためには、まず、その職業がどのように分類されているかを知ることが必要です。その分類の仕方には、業種別（産業による分類）、職種別（職業の種類による分類）があります。また、仕事の内容による分類もあります。これらを参考にしながら、あなたが目指す職業を分類してみてください。

業種別分類	農林魚業、鉱業、建設業、製造業、電気・ガス・熱供給・水道業、運輸・通信業、卸・小売業・飲食店、金融・保険業、不動産業、サービス業、公務、その他
職種別分類	専門的・技術的職業、管理的職業、事務的職業、販売の職業、サービスの職業、保安の職業、農林漁業の職業、運輸・通信の職業、技能工・採掘・製造・建設及び労務の職業、その他
仕事内容分類	人を教える職業、情報を扱う職業、自然を相手にする職業、接客の職業、物を売る職業、物をつくる職業、人に奉仕する職業、事務系の職業

（参考『ボランティア・ハンドブック』大阪ボランティア協会編）

職業分類表
（厚生労働省、平成24年3月改訂、一部省略）

A 管理的職業
- **管理的公務員**
  議会議員等
- **法人・団体の役員**
  会社役員等
- **法人・団体の管理職員**
  会社の管理職員等
- **その他の法人・団体の管理職員**
  その他の管理的職業

B 専門的・技術的職業
- **研究者**
  理学研究者、工学研究者等
- **農林水産技術者**
  農業技術者、畜産技術者等
- **開発技術者**
  食品開発技術者、電気・電子・電気通信開発技術者、機械設計技術者等
- **製造技術者**
  食品製造技術者、電気・電子・電気通信製造技術者、電気工事技術者等
- **建築・土木・測量技術者**
  建築技術者、建築設計技術者、土木技術者等
- **情報処理・通信技術者**
  システムコンサルタント、システム設計技術者、ソフトウェア開発技術者（WEB・オープン系）等
- **その他の技術者**
  労働安全衛生技術者等
- **医師、歯科医師、獣医師、薬剤師**
  医師、歯科医師、獣医師等
- **保健師、助産師、看護師**
  保健師、助産師、看護師等
- **医療技術者**
  診療放射線技師、作業療法士、視能訓練士等
- **その他の保健医療の職業**
  栄養士、あん摩マッサージ指圧師、はり師等
- **社会福祉の専門的職業**
  福祉相談員、老人福祉施設指導専門員、医療ソーシャルワーカー等
- **法務の職業**
  裁判官、弁護士等
- **経営・金融・保険の専門的職業**
  公認会計士、経営コンサルタント等
- **教育の職業**
  幼稚園教員、小学校教員等
- **宗教家**
  宗教家
- **著述家、記者、編集者**
  文芸家、翻訳家、新聞・放送記者等
- **美術家、デザイナー、写真家、映像撮影者**
  彫刻家、漫画家、イラストレーター、グラフィックデザイナー等
- **音楽家、舞台芸術家**
  音楽家、俳優、プロデューサー、演出家等
- **その他の専門的職業**
  図書館司書、学芸員、通訳、調律師等

C 事務的職業
- **一般事務の職業**
  総務事務員、受付・案内事務員、秘書等
- **会計事務の職業**
  現金出納事務員、銀行等窓口事務員等
- **生産関連事務の職業**
  生産・工程管理事務員、出荷・受荷係事務員、クリーニング等受入係員等
- **営業・販売関連事務の職業**
  営業・販売事務員、仕入係事務員等
- **外勤事務の職業**
  集金人、検針員等
- **運輸・郵便事務の職業**
  運輸出改札・旅客係、貨物受付事務員、郵便窓口事務員等
- **事務用機器操作の職業**
  パーソナルコンピュータ操作員、データ入力係員

D 販売の職業
- **商品販売の職業**
  コンビニエンスストア店長、ガソリンスタンド支配人、衣服・身の回り品販売店員等
- **販売類似の職業**
  不動産仲介・売買人、保険代理人、質屋店主・店員、宝くじ等販売人等
- **営業の職業**
  飲食料品販売営業員、化学品販売営業員（医薬品を除く）、医薬品営業員、不動産営業員、広告営業員等

E サービスの職業
- **家庭生活支援サービス**
  家政婦（夫）、家事手伝、ベビーシッター等
- **介護サービスの職業**
  施設介護員、訪問介護職等
- **保健医療サービス**
  看護助手、歯科助手、動物病院助手
- **生活衛生サービスの職業**
  理容師、エステティシャン、クリーニング工等
- **飲食物調理の職業**
  日本料理調理人、給食調理人等
- **接客・給仕の職業**
  レストラン店長、旅館・ホテル支配人、芸者、ダンサー、スポーツ施設係、キャディ等
- **居住施設・ビル等の管理の職業**
  マンション・アパート・下宿管理人、駐車場・駐輪場管理人等
- **その他のサービスの職業**
  添乗員、チラシ配布人、葬儀師、トリマー等

F 保安の職業
- **自衛官**
  自衛官
- **司法警察職員**
  警察官、海上保安官等
- **その他の保安の職業**
  看守、消防員等

G 農林漁業の職業
- **農業の職業**
  稲作・畑作作業員、園芸・工芸作物栽培作業員、肉牛・乳牛飼育作業員等
- **林業の職業**
  下刈・枝打作業員、山林監視員等
- **漁業の職業**
  海面漁労作業員、漁労船の船長・航海士・機関長・機関士、のり・わかめ等養殖作業員等

H 生産工程の職業
- **生産設備制御・監視（金属材料製造、金属加工、金属溶接・溶断）**
  製鉄・製鋼設備制御・監視員、金属プレス設備制御・監視員、めっき設備制御・監視員等
- **生産設備制御・監視の職業（金属材料製造、金属加工、金属溶接・溶断を除く）**
  医薬品・化粧品製造設備制御・監視員、ファインセラミックス製品製造設備制御・監視員、めん類・パン・菓子製造設備制御・監視員等
- **生産設備制御・監視の職業（機械組立）**
  一般機械器具組立設備制御・監視員、一般機械器具組立設備制御・監視員等
- **金属材料製造、金属加工、金属溶接・溶断の職業**
  製銑工、製鋼工、鋳物製造工、金属熱処理工、プレス成形工、自動車板金工、金属製家具・建具製造工、アーク溶接工、ろう付工、はんだ付工等
- **製品製造・加工処理の職業（金属材料製造、金属加工、金属溶接・溶断を除く）**
  石けん・洗剤・油脂製品製造工、医薬品製造工、フィルム製造工、製粉工、味そ・しょう油製造工、即席めん類製造工、パン・焼菓子製造工、和菓子製造工、豆腐・油揚等製造工、飲用乳製造工、魚介干物製造工、野菜つけ物工、清涼飲料製造工、染色・仕上工、婦人服・子供服仕立職、製材工、チップ製造工、印刷・製本作業員、ゴム製品製造工等
- **機械組立の職業**
  原動機組立工、発電機・電動機組立工、テレビ・ラジオ組立工、半導体製品製造工、自動車組立・ぎ装工、カメラ組立工等
- **機械整備・修理の職業**
  原動機修理工、自動車整備工等
- **製品検査の職業（金属材料製造、金属加工、金属溶接・溶断）**
  金属材料検査工等
- **製品検査の職業（金属材料製造、金属加工、金属溶接・溶断を除く）**
  化学製品検査工、飲料・たばこ検査工等
- **機械検査の職業**
  一般機械器具検査工等
- **生産関連・生産類似の職業**
  木工塗装工、建築製図工、映写技師等

I 輸送・機械運転の職業
- **鉄道運転の職業**
  電車運転士等
- **自動車運転の職業**
  路線バス運転手、トラック運転手等
- **船舶・航空機運転の職業**
  貨客船船長等
- **その他の輸送の職業**
  鉄道車掌、バスガイド等
- **定置・建設機械運転の職業**
  発電・送電員、ボイラーオペレーター、クレーン運転工等

J 建設・採掘の職業
- **建設躯体工事の職業**
  建築とび工、取りこわし作業員等
- **建設の職業（建設躯体工事の職業を除く）**
  建築大工、ブロック積工、左官、配管工等
- **電気工事の職業**
  送電線架線・敷設作業員等
- **土木の職業**
  建設・土木作業員、舗装作業員等
- **採掘の職業**
  採鉱員等

K 運搬・清掃・包装等の職業
- **運搬の職業**
  郵便集配員、電報配達員、引越作業員等
- **清掃の職業**
  ビル・建物清掃員、ごみ収集作業員等
- **包装の職業**
  製品包装作業員等
- **その他の運搬・清掃・包装等の職業**
  原材料選別作業員、工場労務作業員、病院作業員、旅館作業員等

あなたが目指す職業はどのように分類されましたか？　自分に合った職業を選ぶためにはより詳しく知る必要があります。調べるためのポイントは次のようなものです。

●どんな仕事をしているか

●就職に必要な能力、身体的条件、資格・免許、学歴など

●現在と今後の雇用（求人）状況、仕事の内容の変化

※ICT、IoT、AI等の技術の進歩による仕事内容の変化には要注意

❸進路実現への第一歩は職業を知ることから！

目指す職業に就くこと、進路実現は待っていたのではできません。高校進学までは、みんなと一緒で

もやれたかもしれませんが、これからはそうはいきません。なぜなら、これから先は、それぞれの道が大きく違ってくるからです。あなたが、あなたの考えで道を選び、それに向けて努力をしていくこととなります。世の中に多くの職業があるように、それぞれが歩む道も一人一人違ってくるのです。学校では、進路実現への道しるべを示してくれますが、それをもとに自分の道を考えていかなければいけません。その第一歩が職業を知ることなのです。職業をよく知り、自分の適性や能力を発揮し、自分を生かすことのできる職業＝適職を見つけましょう。興味・関心だけでなく、向き不向きについても考えていくことも大切なことです。

職業について正しく知り、進路目標を決めれば、高校生活でなにをやらなければならないかが見えてきます。それをもとに、高校生活を計画しましょう。

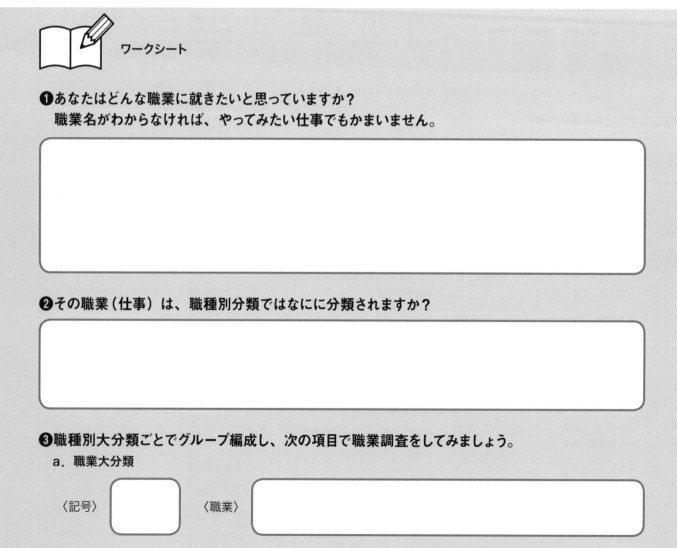

ワークシート

❶あなたはどんな職業に就きたいと思っていますか？
職業名がわからなければ、やってみたい仕事でもかまいません。

❷その職業（仕事）は、職種別分類ではなにに分類されますか？

❸職種別大分類ごとでグループ編成し、次の項目で職業調査をしてみましょう。

a．職業大分類

〈記号〉　　　　〈職業〉

b．具体的な職業名をグループ内であげられたものを中心にいくつか書いてみましょう。

c．どんな仕事をしているのか、具体的に書いてみましょう。

d．就職に必要な能力、身体的条件、資格・免許、学歴などを書いてみましょう。

e．現在と今後の雇用（求人）状況や仕事の内容の変化についてまとめ、職業の将来性について考えてみましょう。

❹他のグループの発表を聞いて、気づいたことをまとめておきましょう。

❺就きたい職業に就くために、あなたが高校生活でやらなければならないことはなんですか？

🔄 学習の自己評価 ✿ ✿ ✿

1）職業の種類や特徴を理解し、自分の目指す職業について考えることができましたか。	1 2 3 4 5
2）職業調査によって、あなたの適職について考えることができましたか。	1 2 3 4 5
3）職業について調べたことで、高校生活でやらなければならないことを考えることができましたか。	1 2 3 4 5

感想

検印

2-3　職業について調べてみよう(2)

職業を選ぶときには、十分な情報収集が必要であることを理解しよう。
求人票から進路情報を集めてみよう。
職業に関する法律、諸制度、慣行の役割について調べてみよう。

❶職業を選ぶ条件は

前節では、あなたの就きたい将来の職業について調べてみました。ところで、あなたはなにを重視してその職業を選んだのでしょう。また、実際に仕事をするときには会社に入ることとなりますが、あなたは、どのような条件を重視して決めますか？　それらを見てみると、あなたの仕事や会社に対する考え方が見えてきます。

あなたが希望する職業や企業で、充実した職業生活を送るためには、いくつか考えておきたいことがあります。それは次のようなものです。

①会社名にこだわるよりも、自分の能力・適性に合った職種・作業内容を考える
②大企業・有名企業にこだわるのではなく、自分にとって働きやすい企業・職場を考える
③目先のことに左右されるのではなく、将来性・安定性なども検討
④その企業・経営者の考え方・方針、教育制度、福利厚生なども判断材料

あなたは、このようなことをしっかり考えて判断できていますか？　そのための情報を十分に集められていますか？　具体的に考える資料として求人票を見ながらチェックしてみましょう。

❷求人票を見てみよう

あなたは求人票を見たことがありますか？　求人票は、将来のあなたと企業を結ぶ架け橋となるものであり、会社の「履歴書」ともいえるものです。1枚の用紙ですが、たくさんの貴重なデータが書かれてあり、あなたの就職の際の判断材料となるものです。その内容を十分に理解し、企業を選択することができれば、充実した職業生活に一歩近づくこととなると思います。

実際に、毎年多くの求人票が学校に来ています。その求人票の中からあなたの興味のある職種のものを選び出し、求人票の見方を理解するとともに、なにが書かれているか、気になるところをチェックしてみましょう。

求人票の見方

1・求人者
　勤務地、会社の将来性を判断：就業場所で勤務地を確認、従業員数や資本金で会社の規模を見て安定性、生産品目や事業内容で将来性を考える

2・就業時間・休日等
　就業時間・休日などの条件を知る：就業時間を考えるとき通勤時間も考慮、休日は自分の生き方とも考え合わせて判断

3・賃金
　給料や諸手当を知る：賃金の形態を確認・月

給以外は注意必要、基本給や賞与・年間収入を確認、税金や保険料を見て手取額も確認し生活設計を立てる

4・職種

採用条件を確認

6・作業内容等

仕事の内容を知る

7・福利厚生等

福利厚生の充実度を知る：保険加入の状況を確認、自宅外就職の場合は宿舎や給食の有無も確認、定年制はライフ・プランの設計に影響

8・通　学

働きながら学びたいときに確認：通学の可否を確認、就業時間や残業条件と通学先によっては通学できないことも

11・補足事項

重要な情報が書かれている場合が多いので注意

5・求人数

全体の求人数

14・推薦数

各高校への推薦依頼人数

16・離職状況

過去3年間の採用者数に対する離職者数、多い場合は要注意

9・応募・選考

採用試験について知る
入社試験の日時や選考方法を確認

❸職業生活と法律や諸制度とのかかわり

　求人票には仕事をすることに関するさまざまな条件が盛り込まれています。その条件は、各企業が好き勝手に決めているものではなく、法律や制度をもとに決められたものです。その法律や制度は、あなたが安定した職業生活が営めるよう援助するためにつくられたものです。社会が複雑化する中で多くの法律や制度がつくられていますが、主なものは次に

あげるようなものです。

労働三法

●労働基準法

労働者の採用や解雇、労働時間、職場における安全と衛生などの労働条件について、その最低基準を定めている。

●労働組合法

労働者が使用者と対等の立場で、労働条件の改善と労働者の経済的地位向上について、団体を結成し、使用者と団体交渉することを認め、その手続きを助成することを目的としている。

●労働関係調整法

安定した労働関係は、経済社会の発展に寄与する見地から、労使関係の公正な調整を図る諸手続きを規定している。

●男女雇用機会均等法

女子労働者について、その福祉の増進と地位の向上を図ることを目的としている。

●職業安定法

各人にその有する能力に応じて適する職業に就く機会を与え、産業に必要な労働力を充足し、職業の安定を図るため職業紹介事業を中心として行っている。

その他、関係する法律

最低賃金法　家内労働法　職業訓練法
雇用促進法　労働者派遣事業法　児童福祉法
雇用保険法　労働者災害補償保険法
労働者安全衛生法　ストライキ規制法など

　他にもたくさんの法律や諸制度、慣行などによって職業生活が成り立っています。そういったことも意識しながら、求人票を見てみてください。

　ハローワークに実際に行ってみたり、実際に企業見学をするのもいいでしょう。自分の将来のことですから、積極的な情報収集を行ってください。

◆ 求人票データファイル ◆

求人票検索番号	求人票の項目	（　　　　　　　　　　　　　　　　）求 人 票	チェックポイント
1 求人者	所在地	線　　　　　駅からバス・徒歩　　　　分	
	就業場所	線　　　　　駅からバス・徒歩　　　　分	
	生産品目・事業内容		
	従業員数 創業・資本金	当事業所　　　　人（男　　人・女　　人）｜創 業　　　　　年 企業全体　　　　人（男　　人・女　　人）｜資本金　　　　　円	
2 就業時間・休日等	就業時間	午前　　時　　分 ～ 午後　　時　　分（土曜午後　　時　　分）	
	休憩時間・交替制・残業	休憩時間　　　　　｜交替制（ 有・無 ）　残業（ 有・無 ）	
	休日・週休2日制 有給休暇	休日　　　　　　週休2日制　　　　　有給休暇 日曜・祝日・月　　回　　完全・隔週・その他　　　　　日	
3 賃金	基本給・諸手当 控除額・手取額	基本給　　　　　円｜控除額　　　　　円 諸手当　　　　　円｜手取額　　　　　円	
	賞与・定期昇給	賞与　　　　　　　定期昇給 年　　回・合計　　か月分｜年　　回・合計　　　円	
4 6	職種 作業内容	職種　　　　　　　仕事の内容 必要な条件　　　　身体条件	
7 8	福利厚生 通学	加入保険　　　　　　　　　　　　　宿舎｜通学 健康・厚生・雇用・労災・その他（　　　）有・無｜可・否	
11	補足事項 （事業所の特色労働条件、福利厚生施設など）		
5・14	求人数・推薦数	求 人 数　　　　　人｜推 薦 数　　　　　人	
16	採用者数 離職者数	｜年3月卒｜年3月卒｜年3月卒 採用者数｜　｜　｜ 離職者数｜　｜　｜	
9	受付期間・選考月日	受付　　月　　日 ～　　月　　日｜選考　　月　　日	
	選考方法	学科試験（一般常識・国・数・社・英・その他　　　）・作文 健康診断・面接・適性検査・その他（　　　　　）	

58

ワークシート

❶あなたは、将来の仕事を選ぶときになにを重視しますか？

❷あなたが実際に、会社を選ぶとしたら、どのような条件を重視して決めますか？
重視する項目に○をつけてください。

☐ 企業規模（大規模か中堅企業かなど）　　☐ 社会の評判や企業のイメージ
☐ 企業の知名度・実績　　　　　　　　　　☐ 企業の将来性や成長性
☐ 仕事の内容　　　　　　　　　　　　　　☐ 職種と学習内容との関連（学習した内容を生かせるか）
☐ 経済的条件（賃金・昇進など）　　　　　☐ 勤務形態について（勤務時間・休日・残業など）
☐ 通勤時間　　　　　　　　　　　　　　　☐ 採用試験の方法
☐ その他（　　　　　　　　　　　　　　　　　　　　　　　　　　　　　　　）

❸求人票データファイルを作成しましょう。
　　あなたの学校に来ている求人票をもとにデータファイルを作成してください。
　　できれば1社だけでなく、用紙をコピーして複数の会社、あるいは大学や社会人のものと比較してみてください。
　　【データファイルを作成して気づいたことをまとめておきましょう】

❹職業生活に関係する法律、諸制度、慣行について、求人票でもチェックしておきましょう。
（チェック欄に関係する法律等を書いてみよう）

🔄 学習の自己評価 ✿ ✿ ✿

1) 職業を選ぶときには、十分な情報収集が必要であることが理解できましたか。	1　2　3　4　5
2) 求人票データファイルを作成し、チェックポイントをまとめることができましたか。	1　2　3　4　5
3) 職業生活と法律や諸制度とのかかわりについて理解することができましたか。	1　2　3　4　5

感想

検印

2-4 資格の必要な職業もある

資格にはどのようなものがあるのかを知ろう。

資格の必要な仕事があることを理解しよう。

自分の夢を実現するために、資格が必要か調べてみよう。

資格が必要な場合は、取得する方法を調べて資格取得の目標を立ててみよう。

❶それぞれの実力が試される時代に

これまでの社会は学歴が重視され、それによって職業が決まる場合も少なくありませんでした。しかし、グローバル化の進展により、外国人労働者や留学生が増加し、インターネットやAI技術の進歩などもあり、働き方や就職のあり方も変わってきています。それにともない、その人自身の実力がより問われる時代に変わってきています。このように社会が急速に変化している中、進学や就職の際に自分の実力を証明するため、資格をもっていることが重要になってきています。例えば、グローバル社会になった今、日本の会社や大学でも、英語の民間テストを就職試験や入学試験の際に用いるところが増えています。

もちろん「資格より実力」といわれることもあるように、本来必要なのは本人の実力です。例えば農業改良普及員の資格をもっていなくても、すばらしい野菜をつくっている人はたくさんいますし、調理師の資格がなくても、とても美味しい料理をつくれる人もたくさんいます。しかし面接のときなど、自分のことを知らない人たちに対して、自分の実力をアピールするには、資格をもっていることが大きな武器になります。また、中には資格をもっていないと就けない職業もあります。

ここでは、資格の必要な仕事について学び、自分にとって必要な資格を考え、自分に合った資格について考えてみましょう。

❷資格を取得する目的を考えてみよう

一口に資格といっても、さまざまなものがあります。その中から自分に合った、あるいは自分に必要な資格を選び出すのはなかなか難しいものです。なかには、手当たり次第に資格をとって、資格をとること自体が目的化してしまっている人もいます。しかし、資格は生かしてこそ価値のあるものです。そのため、まずは資格を取得する目的を明らかにする必要があります。高校生のみなさんにとって資格を取得する目的には、

①就職に有利なため：

希望する職種に関する資格を取得していると、就職の際あるいは就職してからの昇給や昇進に有利に働く場合がある。

②進学に有利なため：

大学への進学の際に、試験科目が免除されたり、得点が加算されるなど進学に有利に働く場合がある。

③学習へのモチベーションを高めるため：

英語検定や漢字検定など、日々の学習の成果を試すことができ、学習への明確な目標がもてる。

といったことがあげられます。

資格を取得する際には、年齢、学歴、専門の知識や技術、ある一定期間以上の実務経験といった条件がある場合があります。また、学校で所定の課程を

修了することによって資格自体あるいは受験資格が得られるものもあります。このため、資格取得には時間やお金がかかる場合があります。ですから高校の早い段階から将来を見据え、自分はなにをしたいのか、自分に必要な資格はなんなのか、またそのためにはなにをしなければならないかといったことを調べてみる必要があります。インターネットや資格に関する本などを活用しながら、情報を収集してみましょう。

❸資格の必要な職業もある

さて、これまでの学習からもわかるように、職業にはさまざまなものがあります。その中には法律などのきまりで、資格や免許をもっていないと就職できない職業があります。資格の必要な職業の例をあげてみると、

①**医療や福祉にかかわる職業:**
　　医師、看護師、介護福祉士、歯科衛生士、薬剤師など
②**教育にかかわる職業:**
　　学校の教員、保育士など
③**人の権利や財産にかかわる職業:**
　　裁判官、弁護士、検事など
④**運転にかかわる職業:**
　　自動車運転手、航空操縦士、船舶操縦士など

といったものがあります。この他に、無資格で就職することはできても、独立して自分の会社を経営する場合に必要になってくるものもあります。また資格ではありませんが、警察官や消防士、国や県、市町村などの行政機関に就職するには公務員試験に合格しなければなりません。

せっかく自分の進みたい道が見つかったとしても、資格がないと就職できない場合、その道をあきらめるか、あるいは資格を取得するために長い時間がかかってしまう場合があります。ですから、少しでも興味のある職業があれば、その職業に就くために資格が必要かどうかを早めに調べてみましょう。

❹取得した資格で自己PRをしよう

繰り返しになりますが、資格は生かしてこそ価値のあるものです。自分の取得した資格を生かせる進学先を選んだり、職種に就いたりすることは大切なことです。取得した資格は学校の先生に伝え、進学や就職のとき調査書に記入してもらいましょう。また、就職してからは職場の上司に伝えることも必要です。進学や就職の際には、合格証明書や免許状が必要になる場合があります。なくさないように大切にしまっておきましょう。また取得した資格名、取得年月日、資格認定先などをどこかに記録しておくようにしましょう。

　ワークシート

❶**自分の学校で取得できる資格を調べてまとめてみましょう。**

❷興味のある資格や、自分の希望進路を実現するために必要な資格について調べてまとめてみましょう。

❸クラスの人に、どんな資格に興味があるか聞いてまとめてみましょう。

❹自分が就きたい、あるいは興味のある職業をあげて、その仕事に資格は必要かまた必要な場合は、その資格はどうすれば取得できるか調べてみましょう。

職業名	必要な資格	資格をとるために必要なこと

職業名	必要な資格	資格をとるために必要なこと

職業名	必要な資格	資格をとるために必要なこと

❺資格の取得宣言をしてみましょう！

＊私は高校生の間に ［ 　　　　　　　　　　　　　 ］ の取得を
目指します！

〈資格の内容や取得のために必要なこと〉

＊私は将来、 ［ 　　　　　　　　　　　　　 ］ の取得を
目指します！

〈資格の内容や取得のために必要なこと〉

❻取得した資格を記入しておきましょう。

資格名	認定先	取得年月日

G　学習の自己評価 ✿✿✿

1) 資格にはどのようなものがあるか理解できましたか。	1　2　3　4　5
2) 資格の必要な仕事があることが理解できましたか。	1　2　3　4　5
3) 将来必要となる資格について調べ、どうすれば取得できるか、資格取得の目標を立てることができましたか。	1　2　3　4　5

感想

検印

2-5 職業人の講話を聞こう

職業をもつ人の話を聞き、職業人としての心構えについて考えよう。

職業生活の内容を理解し、将来の職業生活に備えよう。

講話を聞く態度を身につけよう。

　みなさんにとって、実際の社会で働いている人たちはどんな存在ですか。

　学生生活を終え、社会で働くということは、社会人としてのルールの中で日々過ごすことです。時にはつらく、厳しい場面にぶつかることもあります。しかし、社会人たちは課題に立ち向かい、それらを克服しながら働いているのです。

　現実の社会で働いている人たちの講話を聞いて、仕事の内容、働く喜びや苦労などを確認し、職業人として働くことの意義を考えてみましょう。

　講話を聞く際に大切な点がいくつかあります。以下でポイントを確認しておきましょう。

❶前向きに「よく聞く」ことを心がけましょう

　講話は話し手と聞き手によって成立します。みなさんはよい聞き手になりましょう。よく聞くことができれば深く考えることができます。

　話を聞く際に大切なことは漠然と聞くのではなく、能動的にしっかりと聞くことです。

　また、講話を聞く際は素直に、尊敬の気持ちをもって聞くようにしてみましょう。すべての講話の内容があなたの興味や関心に合うわけではないかもしれません。しかし講演者の生き方や人柄に思いを馳せ、真摯に耳を傾けましょう。耳慣れない単語が出てきた際は講話後に友達に聞いたり、自分で調べて職業理解を深めましょう。

❷メモをとり、キーワードをつかみましょう

　では「よく聞く」にはどうしたらよいでしょう。そのための有効な方法はメモをとることです。面倒と思わずにメモをとるコツは、キャッチした言葉をどんどん書き留めることです。すると繰り返し出てくる語や言い換えられているが同じ意味の語があることに気づくでしょう。それらのキーワードこそが講話の要点となるものです。

　講話を疲れないで意味ある時間にするコツは、キーワードを見つけるつもりでメモをとり、自己の感想や疑問も書き込み、可視化できるようにすることです。

❸振り返りの時間をもちましょう

　講話は①講師紹介、②講師の講話、③質疑応答・振り返りという流れで行われます。

　この流れの中で聞いた話の質を高め、意義あるものとするのは、③の質疑応答・振り返りの時間です。二人組やグループで感想を述べ合うなどの工夫をして、講話の内容を確認し、気づきを共有する機会をもちましょう。

ワークシート

❶講話であなたが知りたいことはどんなことですか。以下にあげてみましょう。

- ●「現在の職業を選んだ理由はなんですか」
- ●「働いてみて感じていることは?」「仕事のやりがいは?」
- ●「高校時代にやったことで今、役立っていることはどんなことですか」
- ●
- ●
- ●

❷実際に講話を聞いてみましょう。

講話の題		
講師名（職業）		月　　　日　　　時限

内容メモ（キャッチした言葉を書き留めよう）

質問

感想

❸講話を聞いた後に二人組あるいはグループで振り返りの時間をもち、講話で学んだことを共有し、深め合いましょう。

心に響いた言葉

これからの自分の生活に生かしたい点

⑤ 学習の自己評価 ✿ ✿ ✿

1）職業をもつ人の話を主体的に聞くことができましたか。	1　2　3　4　5
2）講話の内容について理解できましたか。	1　2　3　4　5
3）職業人としての心構えが深まりましたか。	1　2　3　4　5

感想

検印

2-6 職業人にインタビューしてみよう

実際に働いている人にインタビューすることで、職業の内容や意義を理解しよう。
職業を通して、人間としての生き方を考えよう。
職業と社会とのかかわりについて考えよう。

❶職業人にインタビューする

　ある職業に就いて働くということは、はたで見ているほど単純なものではありません。周りにはわからない厳しさや苦労、表には現れてこない努力の積み重ねがたくさんあることでしょう。しかし決してつらいことばかりではなく、その仕事をしていてよかったという場面や、働きがいもあるはずです。実際にさまざまな職業に就いて働いている人や活動をしている人に、直接お話を聞いてみましょう。

　社会にはさまざまな職業があり、いろいろな人がそれぞれの立場で働いたり活動をしたりしています。それによって社会全体が成り立っています。どんな仕事も不可欠であり、それぞれが関連し合って社会が構成されていますから、必ずその存在意義があるはずです。実際に職業に就いて働いている人やさまざまな活動をしている人に話を聞き、その職業・活動が社会とどういうかかわりをもっているのかを考えてみましょう。

❷インタビューを通して生き方を考える

　あなたは将来、どんな職業に就きたいと考えていますか。具体的なイメージがあるなら、その職業の人にインタビューをさせてもらいましょう。その仕事はあなたが想像していたほど簡単なものではないかもしれません。あるいは、予想していた以上にやりがいのある仕事かもしれません。もっと別な視点

があるかもしれません。また、今あなたが抱いている不安や疑問があれば、それを直接ぶつけてみましょう。その職業に就くためにはどんな進路を選んだらよいのか、今現在どんな勉強をしたらよいのかなど、具体的にアドバイスをしてもらえるかもしれません。

　職業に就いて働くということを通して、その人の人生観、職業観が見えてくると思います。どういうことを考えながら、どういうことを目指してその職業・活動にかかわっているのか、人生の先輩から学ぶことは多いと思います。謙虚に話を聞くことで、その人の生き方を考えてみましょう。

　そして自分の生き方に重ね合わせてみてください。あなたは将来どんな職業に就いて、どんな活動をし、どんな生き方をしていくのでしょうか。

❸社会人としての対応

　社会で実際に働いている人にインタビューするためには、相手の人に依頼することから始まって、アポイントメント（日時・場所の約束）をとる、実際にインタビューする、お礼の挨拶をするなど、目上の人への適切な対応が必要となります。友達同士、家族、学校の先生など、普段接しているのとは違う立場の人であり、失礼があってはなりません。目上の人への適切な対応は、社会人として、実際にあなたが社会に出たときに必要となることですから、しっかり身につけてください。

ワークシート

❶準備

①どんな職業の人、もしくはどんな活動をしている人にインタビューしたいですか。いくつかあげてみましょう。

②それはどんな理由からですか。

❷相手の方の都合を聞き、インタビューのお願いをしましょう。

あらかじめ電話連絡をしたあと、文書または電子メール等で正式な依頼をするのが一般的です。
電話をかける場合は、時間帯にも考慮し、事前にお願いする内容をまとめておきましょう。

❸実際にインタビューする前に、相手の人の職業や活動についての概要を調べておきましょう。

①インタビューする人の名前と職業、役職、立場など

②仕事・活動の内容

③その職業に就くために、もしくは活動にかかわるために必要な免許・資格など

❹質問項目についてのまとめをしておきましょう。

①仕事・活動の内容
②なぜその仕事に就こう、その活動をしようと思ったか
③そのために取り組んだこと
④その仕事・活動をしていてよかったと思うこと
⑤つらかったこと
⑥仕事・活動を通してどんな人たちとかかわりがあったか
⑦この仕事・活動は、将来どんな変化が起きると思うか
⑧

❺相手に失礼のない態度で、実際にインタビューしてみましょう。

①仕事・活動の内容

②なぜその仕事に就こう、その活動をしようと思ったか

③そのために取り組んだこと

④その仕事・活動をしていてよかったと思うこと

⑤ つらかったこと

⑥ 仕事・活動を通してどんな人たちとかかわりがあったか

⑦この仕事・活動は、将来どんな変化が起きると思うか

⑧

⑨ その他、印象に残った話

❻インタビューを通して感じた、相手の人の人間像はどんなものでしたか。

❼実際にインタビューをしてみてどうでしたか。インタビューを通して、自分で感じたことや考えたことを、ほかのメンバーに伝える、発表するということを意識してまとめてみましょう。

G 学習の自己評価 🌸 🌸 🌸

1）インタビューを通して職業への理解が深まりましたか。	1	2	3	4	5
2）インタビューを通して自分の生き方について考えることができましたか。	1	2	3	4	5
3）主体的に取り組めましたか。	1	2	3	4	5

感想

検印

資料3 インタビューの仕方、電話のかけ方、依頼状、礼状の書き方

1　インタビューの仕方

❶下調べをして、質問の内容を確定する。

　相手についての下調べを行い、ある程度回答を想定しながら、質問内容を整理しておく。

❷アポイントメントをとる。

　インタビューの趣旨、質問内容の概要を伝え、インタビューのお願いをし、日時、場所等の約束をする。

❸実際にインタビューをする。

① 相手の方に失礼のないような服装、態度、挨拶を心がけよう。

② インタビューは予定に従って効率よく行おう。

③ 予期しない展開になる可能性もある。臨機応変に対応することも必要。

④ インタビューの結果をメモするなど、記録をきちんととろう。

⑤ ボイスレコーダー・ビデオカメラなどの機器を使用する場合は、必ず事前に相手の了解を得よう。

❹インタビューの内容をまとめよう。

① できるだけ時間を空けずに、インタビューの内容をまとめよう。

② なんらかの形で公開する場合は事前に了解を得、必要に応じて内容の確認をしてもらおう。

2　電話のかけ方

❶話の内容をあらかじめまとめ、メモ帳などを用意しておこう。

❷失礼のないように、きちんとした言葉遣いで話そう。

❸自分の所属、名前を明確に伝え、その後に相手を確認しよう。

❹内容ははっきりと簡潔に伝えよう。

❺今後の連絡の有無、連絡方法、伝言などについて必ず確認をしよう。

【A子さんの例】

B動物病院：はい、B動物病院でございます。

A子：こんにちは。私は○○高校1年の○○A子と申します。実は今「産業社会と人間」という授業で、職業についての勉強をしています。今回、実際に働いている人を通して職業の内容や意義を理解するという趣旨で、職業人の方に直接インタビューをしてみようということになりました。私は日頃から獣医という仕事に興味をもっていて、将来は獣医になりたいと思っていますので、ぜひこの機会にお話を聞かせていただけたらと思いまして、お願いのお電話を差し上げました。

B動物病院：わかりました。今、先生は診察中ですので、後ほどその旨を伝え、折り返しこちらからお電話を差し上げたいと思いますが、それでよろしいですか。

A子：ありがとうございます。私の方から改めましてお電話させていただきます。いつ頃がよろしいでしょうか。

B動物病院：それでは明日の午後1時頃にお願いします。

A子：わかりました。では明日午後1時にお電話させていただきます。失礼いたします。

3　依頼状・礼状の書き方

依頼状：お願いする内容を簡潔明快に伝えることが重要です。貴重な時間を割いて対応していただくわけですから、謙虚な気持ちで丁寧にお願いしよう。

礼　状：感謝の気持ちを自分の言葉で素直に表現しよう。具体的に自分が感じたことや、それを今後どう活かしていくかなどを伝えられるとよいでしょう。

❶手紙の基本形式

　　書き出し　時候の挨拶など

　　本文

　　結び　終わりの挨拶、日付・署名（縦書きの場合）など

❷電子メールの場合

　　・ショートメッセージや、SNSなどは使わないようにしよう。

　　・相手の電子メールアドレスを確認し、正確に入力しよう。

❸基本的な形式を踏まえて自分の言葉で書くことが大切です。

❹誤字・脱字はないか、敬語の使い方は正しいか、下書きをして読み返した後、丁寧に清書しよう。

❺相手の方の名前、所属などに表記の誤りがないよう注意しよう。

❻便箋（レポート用紙不可）、筆記用具（鉛筆不可）に気をつけよう。

❼礼状はできるだけ速やかに出そう。

【依頼状の例：電子メール】

B動物病院　○○様

　こんにちは、先日、お電話をさせていただいた○○高校1年の○○A子です。「産業社会と人間」の職業人インタビューにご協力いただけるとのこと、どうもありがとうございます。平日の午後1時〜2時でしたら、ご協力いただけるとのことでしたので、

　　第1希望　　○月○日（水）午後1時〜2時
　　第2希望　　○月○日（水）午後1時〜2時

のどちらかでお願いできないでしょうか。お返事をお待ちしています。よろしくお願いいたします。

＝＝＝＝＝＝＝＝＝＝＝＝＝＝＝＝＝
○○高校1年　○○A子
電子メールアドレス　　○○○○＠○○○○

【礼状の例：横書き文書】

令和○年○月○日

B動物病院　○○　○○様

○○高校　○○A子

拝啓
　初秋の候、ますます御健勝のこととお喜び申し上げます。先日はお忙しい中、獣医という仕事について、貴重なお話を聞かせていただきまして、心よりお礼申し上げます。動物が好きだというだけで勤まるものではなく、高度な知識と経験、判断力が要求されるということがよくわかりました。何よりも命を預かる仕事であるという大変さと意義を深く感じました。お話を伺いながら、自分にとっては今目の前にある課題にしっかり取り組むことが大切だということも感じました。幅広く勉強をして、自分の夢に向かって進んでいきたいと思っています。今後のご健康とご活躍をお祈り申し上げます。

敬具

2-7 実際の職場を体験してみよう

実際に働いている人の姿を見たり話を聞いたりすることで、仕事に就くことはどういうことなのか考えよう。

社会人として必要なマナーを知る機会にしよう。

自分は将来どのような職業に就きたいのか考えよう。

❶職場体験で学ぶこと

働くことを考える

高校を卒業して社会人となる人は、およそ2年後には自分の職業を決めなければなりません。それ以外のみなさんも、数年後の遠くない将来に職業を選択することになります。自分にはどんな仕事が合っているのか、そもそも仕事をすることとはなんなのか、職業の選択にあたっては自分なりにいろいろなことを悩み考えることになるでしょう。そんなときに参考となるのが人生の先輩、つまり実際に社会で活躍されている社会人の人から話を聞いたり、実際に働いている姿を見ることです。

この実習が終わったとき、ぼんやりとでも働く自分の姿が頭の中にイメージできて、加えて「自分にはこんな職業が向いているのかな」とか「こんな仕事がしてみたい」という職業に対する積極的な気持ちが生まれたならすばらしいですね。

働く人の姿に接する

今回は実際の職場に出かけて、働く人たちの姿に触れることになります。企業や事業所での実習を中学で経験した人も、今回初めての人も自分の進路を考えるうえで貴重な経験になります。この実習を有意義なものにするために、第2章でこれまで学習してきたことを思い出して実習に臨んでください。普段は接することのできない、働く人たちの姿や考え方について、自分なりの視点で見つめましょう。

社会のルールを知る

もう一つ職場での実習を通して学ばなければならないことがあります。それは、社会のルールと社会人としてのマナーです。短い体験の中でそのルールやマナーをすべて理解することはできません。ただ、責任をもって仕事をしている人たちの姿や話を通して、それらのことを真剣に考えてみましょう。

~ある高校生の職場体験感想文~

初めて職場に行き、仕事をすることになったとき、私はとても緊張しました。私が職場体験をしたのは洋服を製造、販売している会社です。目の前にはこれから出荷される洋服が山のように積んでありました。仕事の内容はそれらの商品にその会社のブランドタグと洗濯をするときの注意書きのタグを取り付けることでした。私が間違って汚してしまったら、その商品はもう売ることができません。そんなことを考えて緊張したのだと思います。

作業に段々慣れてきたころにはもうお昼になっていました。従業員の方と一緒にお昼ご飯を食べながら、お話をすることができました。その話は、なぜ自分はこの職業を選んだのかなどこれから職業を選ばなければならない私にとってとても参考になるものでした。（中略）1日だけの職場体験でしたが、私にとってはとても有意義な時間となりました。私も早く"自分の職業"を探し出したいと思いました。

 ワークシート

❶実習の準備をしましょう。

a.自分がどの企業・事業所に行くのか決めましょう。（希望調査があります）

ここに学校から配付された実習場所一覧を貼っておきましょう。

b.自分の実習場所が決まったら下の欄に企業名、住所、電話番号、今回の実習を担当していただく講師の名前を記入しましょう。

c.各企業・事業所ごとに集合時間や準備するものが違います。集合時間、集合場所、持ち物など指示されたことを記録しましょう。また、集合場所までの交通機関についても、事前に調べて記入しておきましょう。

d. 実習の中で質問したいことを考えておきましょう。

❷実習当日の注意点

（1）服装はきちんとしていますか。実習の間は高校生としてではなく、社会人としての自覚が必要です。企業・事業所によっては直接、お客さんと接する場面も出てきます。自分の価値基準のみで行動することは慎みましょう。

（2）定められた集合時間には絶対に遅れてはいけません。社会生活のもっとも基本的なルールが、時間を守るということです。時間を守れない人は周りの人たちからの信用を得ることはできません。

（3）お世話になる会社のみなさんに対しては挨拶を心がけましょう。挨拶も社会生活を円滑にするための大切なマナーです。

（4）指示されないことを行ったり、立ち入りを制限されたところに入ったりしないようにしましょう。思いがけない事故に遭ったり、会社に対して大きな損害を与えてしまう場合があります。

（5）わからないこと、疑問に思うことは積極的に質問したり、作業なども積極的に行いましょう。実習を受け入れてくださった講師の方々も、みなさんの積極的な態度を期待されています。話してくださったことや気づいたことなどは、できる限りメモしておきましょう。

実習メモ

 ワークシート

❷実習のまとめをしましょう。

a. 実習の記録をつけましょう。

b.職場体験を通して感じたこと、考えたことをまとめましょう。

c.お世話になった講師の方々、職場のみなさんに対してお礼状を書きましょう。

お礼状の書き方は73ページ【資料3】「依頼状・礼状の書き方」を参考にしてください。

6 学習の自己評価 ✿ ✿ ✿

1) 仕事に就くということはどのようなことなのか、考えることができましたか。		1	2	3	4	5
2) 社会人としての基本的なマナーを守り、実習に取り組むことができましたか。		1	2	3	4	5
3) 自分が将来就きたい職業について考えることができましたか。		1	2	3	4	5

感想

検印

2-8 キャリア・デザインをしてみよう

「キャリア」ってなんだろう。
キャリアを取り巻く状況の変化について理解しよう。
キャリア・デザインの仕方を理解しよう。

❶キャリアとは

「キャリア」という言葉にはいろいろな意味がありますが、ここでは次のようにとらえておきます。

「人間が生涯を通じて従事する仕事の全体」「長い目で見た仕事生活のパターン」

学校を卒業し、フルタイムで働き始めて数十年にも及ぶ仕事生活、その仕事生活へのかかわり方・考え方は、あなたの人生のあり方を問うものとなると思います。人生の大半を費やすこととなる仕事生活、その時間が充実したものとなれば、人生も充実したものとなるでしょう。

ここでは、キャリアという言葉をキーワードに、充実した仕事生活を送るためのポイントを探っていきたいと思います。

❷キャリアを取り巻く状況の変化

これまでの社会では、終身雇用制度のもと、一度就職すれば定年退職まで一つの企業にいる（生涯一企業）ということが当たり前でした。けれども今、その流れは大きく変わってきています。終身雇用制度に裏打ちされた年功序列賃金制度は、生涯一企業を貫くのには便利な制度でした。さらに、転職を繰り返すのは悪とされ、生涯一企業は美徳ともされました。けれども、現在の日本経済ではそれらの制度を維持することができなくなってきているのです。現実の問題として、一度就職すれば安心という時代は終わったのです。

これから先、就職するあなたたちは、そのような社会の大きな変化を意識して、進路を考えていく必要があります。

❸ドリフトからデザインへ

あなたはこれまで、人生を大きく変えるような意思決定をしてきましたか？　生まれてから、保育園、幼稚園、小学校、中学校と多くの人が地域の学校を選び、その流れに乗ってきたというのが事実ではないでしょうか。高校へはどうでしょう。高校進学については自分の意思を出せるはずです。でも現実は、みんなが行くからとか、周囲の人が言うからとか、とりあえず○○科へとか、流されての進路選択ではなかったでしょうか。

でも、これからの進路、高校卒業後の進路は、各人によって大きく違ってきます。卒業後すぐに就職し仕事をする人、専門学校で、短大で、大学で、さらに大学院で学び続ける人、選択の幅が大きければ大きいほど自らの意思決定が問われることとなります。これからの進路選択では「流されて」いてはいけないのです。目的のない、進路決定を先送りするための進学であってもいけません。

「ドリフト（drift）」とは、（潮・風に）流されること、漂流、漂うものなどの意味があり、外的な影響に流される意味合いが強いと説明されています。流される（ドリフトされる）ままの人は、まさにドリ

フター（drifter）：漂流者なのです。

　一度就職すれば安心という時代には、ドリフトされていてもなんとかなっていました。しかし、変化の時代には、なにも残らない、ひいては失業に結びつくことになりかねません。一度しかない人生、キャリア、その方向性を自分の意志で決めなければ、そしてデザインしなければ、後悔することになるでしょう。人生も、その大半を占めるキャリアも結局はあなた自身のものであり、他の誰のものでもありません。

　みなさんはドリフターズ？　それとも……？？

❹キャリア・デザインをしてみよう

　キャリア・デザインとは、働くことに大きな方向感覚をもつということです。なにがあるかわからないのがこの世の中です。でも、それにいつでも対応できるようにしておくことは不可能で、エネルギーも消耗します。人生や仕事の節目に求められる意思決定がきちんとできればいいのではないでしょうか。

　みなさんは、キャリアの準備段階にいます。中学校まではほぼ同じ道を誰もが歩んできました。その学習の成果をもとに、第一回目の意思決定を行ってきました。高校では少しずつ道が違ってきていると思います。その道筋をこの「産業社会と人間」などのキャリア学習で学び、それに沿った学習の計画を立て、実現に向けて努力することとなります。その後、大きな転換点、学びから仕事、あるいは学びから学びへの第二回目の意思決定が行われます。ここでのポイントは、意思決定から逃げないことかもしれません。そしてさらに企業へ就職しても意思決定が求められます。きちっとしたデザインがなされていれば、あなたの考えを大きな方向感覚で指し示すことができ、後悔しない選択ができると思います。

　さあ、キャリア・デザインをしてみましょう。

意思決定　十二の心得

第一の心得 ……… 意思決定に必要な三つの力を身につける
　　　　　　　　　 直感力（勘が鋭い）。説得力（言葉に力がある）
　　　　　　　　　 責任力（腹が据わっている）
第二の心得 ……… 衆知を集めて、独りで決める
第三の心得 ……… 感覚を磨くのではなく、論理を究める
第四の心得 ……… 経験を積むのではなく、体験に徹する
第五の心得 ……… ただ進むのではなく、退路を断つ
第六の心得 ……… 論理を語るのではなく、心理に語りかける
第七の心得 ……… 説得するのではなく、納得をしてもらう
第八の心得 ……… 計画への信頼ではなく、人間への信頼を得る
第九の心得 ……… リスクを避けるのではなく、リスク体質を改める
第十の心得 ……… リスク分散だけではなく、リスク最小化の手を打つ
第十一の心得 …… 失敗を恥じるのではなく、失敗を率直に語る
第十二の心得 …… 意思決定を精神の成長の機会とする

（田坂広志『意思決定12の心得』生産性出版、1999年）

ワークシート

❶「キャリア」という言葉の意味をまとめておきましょう。

（空欄）

❷キャリアを取り巻く状況の変化をまとめてみましょう。

〈これまでは〉

・終身雇用制度

・年功序列賃金

〈変化の要因〉

（空欄）

〈これからは〉

（空欄）

❸あなたは、どっち？〈Ⅰ〉

a．高等学校への進学……あなたはどっち？　（ドリフト派・デザイン派）
　　進学への経緯を振り返ってみましょう。

（空欄）

b．本校への進学の理由を再度書いてみましょう。きちんとデザインできていますか？

（空欄）

❹あなたは、どっち？〈Ⅱ〉

a．本校へ入学して……あなたはどっち？　（良循環・悪循環）

b．具体的にその流れを書いてみましょう。

```
┌──────────────┐            ╭────────────────────╮
│              │            │  本校への入学（start）  │
│              │            ╰────────────────────╯
└──────────────┘                     │
       ↑                             ↓
┌──────────────┐            ┌────────────────────┐
│              │            │                    │
│              │            │                    │
└──────────────┘            └────────────────────┘
       ↑                             │
    ┌──────────────┐                 │
    │              │←────────────────┘
    │              │
    └──────────────┘
```

❺キャリア・デザインをしてみましょう。

a．あなたのこれからの人生・仕事の節目はどんなことだと思いますか。それはいつですか、考えて書いてみましょう。

```
┌──────────────────────────────────────────────────────────┐
│        これからの人生・仕事の節目　………　　いつ（時期・年齢等）       │
│                                                          │
│                         ………                             │
│                                                          │
│                         ………                             │
│                                                          │
└──────────────────────────────────────────────────────────┘
```

b．あなたの仕事生活へのかかわり方・考え方をまとめておきましょう。

```
┌──────────────────────────────────────────────────────────┐
│                                                          │
│                                                          │
│                                                          │
└──────────────────────────────────────────────────────────┘
```

c．次の節目までに準備しなければならないことはなにかを考えてみましょう。

```
┌──────────────────────────────────────────────────────────┐
│                                                          │
│                                                          │
│                                                          │
│                                                          │
└──────────────────────────────────────────────────────────┘
```

※キャリア・デザインの流れ…節目の確認→かかわり方・考え方の確認→節目までにやらなければならないことの確認

↻　学習の自己評価 ✿✿✿

1）「キャリア」とはなにか理解できましたか。	1	2	3	4	5
2）キャリアを取り巻く状況の変化を理解することができましたか。	1	2	3	4	5
3）キャリア・デザインの仕方を理解できましたか。	1	2	3	4	5

```
┌────────────────────────────────────────┐  ┌──────────┐
│ 感想                                    │  │ 検印      │
│                                        │  │          │
│                                        │  │          │
│                                        │  │          │
└────────────────────────────────────────┘  └──────────┘
```

資料4　実際に仕事をしている人の声を聞いてみよう

〈登場人物〉　**カズ**（25歳）：SE
まるちゃん（24歳）：人事部
サキ（24歳）：広報
ケイコ（24歳）：営業職
ばんちゃん（23歳）：営業職

みなさんと比較的年齢の近い20代前半の人たちは、どんなことを考え何を目標に仕事をしているのでしょうか。
社会人1〜2年目の5名が仕事について話をしています。実際の声を聞いてみましょう。

Q. みなさんにとって「働くとは何か」を聞いてみたいと思います。

ケイコ：それ、難しい質問ですね。

カズ：家族のため……。

一同：おお！

カズ：いや、実は結婚が決まっていて。地元の北海道で働く年上の彼女なんですけど。仕事を辞めてこっちに来てもらうんですね。そのためには、ちゃんと自己啓発をして、今よりもっとお金を稼いでいかないといけないと思うんです。吸収できることは、今のうちにたくさん盗んでいきたいなと。100%自分のやりたいことをやらせてもらっているという実感もありますが、働いてお金をもらうのは、僕にとっては家族のためですね。

サキ：旦那のかがみだ……。

ばんちゃん：僕はもっとざっくばらんに話すと、今働いているのは「将来の選択肢を狭めたくないから」という思いがあります。今ダラダラと働いていたら、40歳とか50歳になったときに、やれる仕事がどんどん狭くなってしまうのは嫌だなと。ちょっとカッコいいことを言うならば、結婚を考えるのだったら、子どもとか奥さんがやりたいって言ったことをやらせてあげたいので、お金もしっかり稼ぎたいと思います。僕自身、結構自由にやってきたので、家族にもなるべくお金が原因で選択肢を狭めるようなことはしたくないです。特に結婚の予定はないんですけど（笑）。

ケイコ：お金は大事ですよね。

まるちゃん：私は自己実現ですね。自分自身に満足をするために、仕事をしているところがある。仕事をきちんとやらないと自分を保てないし、趣味や習い事だけをやっていてもつまらない。結局仕事をしないと自分は満たされないなって思うんです。

サキ：自己実現ってワードを聞いて、小学校から高校までバスケットを本気でやってきたことで分かった、「私はなにか打ち込めることがないとダメなんだな」ということを思い出しました。いざ、社会人になるんだと考えたら、これからは仕事が打ち込むことの1つになるはず。だったらそれに打ち込めばいいかなって。自分の時間に、音楽を聴いていても本を読んでいても、仕事をちゃんとやっていないと、「それでいいのかな自分？」って、きっと思ってしまうので。そういう性分なんだと思います。

Q. 今皆さん正社員ですが、将来はどうなっていたいですか？　……例えば、3年後。

ケイコ：これまた難しい……。

サキ：大学時代には、将来のことも考えると、自分が満足するには「正社員」という道しかないと思っていたので、今は正社員として働いています。でも自分に力がつけば、フリーランスの方に行く道もあると思う。例えば、在宅ワーカーとか。
うちは両親共働きで親があまり家にいない家庭だったので、小さいころ結構寂しかったんです。両親に感謝はしているけれど、できる限り小さいころに寂しい思いはさせたくないと思っています。だから、なるべく自分が家にいられる能力をつけておきたいという感じですね。ただ、いかんせん実力がまだまだだから、これから磨いていこうと思っています。

ケイコ：私の場合は、ピンポイントでやりがいがコレというものはないです。けれど状態で言うと、努力しているとかチャレンジングに働いているとか、そういう状態が自分の心地よい状態で、そうあり続けたいと思っています。そういう意味で、3年後もチャレンジできる環境にいたい。今仕事をしていくなかで、これからやりたいことも少しずつ見えたので、新たなチャレンジも視野には入れています。ただ今はとにかく修行です。

カズ：僕は今自分のやりたいことがほぼ100%できているので、大変ですけど今のところにいたいですね。3年後、新人が入ってきたときに、「何か困ったらあいつに聞けよ」と言われるような先輩になりたいから、しっかりと実力をつけていかなくてはと思っています。

ばんちゃん：僕は3年後はやりたいことを見つけていたいですね。今は仕事メインの人生というか、普段も8、9割は仕事のことを考えている状態なので。3年後は仕事6割、プライベートでやりたいこと4割という感じで。また、仕事6割の内訳も、今は「自分がどうすればいいのか？」だけですが、今後は自分だけではなく「会社の売上をどう上げるか？」という視点を持って働けるようになっていたいですね。

（WEBサイト『furi-kake by doda』「仕事の意義、将来のビジョン…etc. "ゆとり世代"の仕事の向き合い方とは？」
2015/01/14 (https://furikake.doda.jp/article/2018/12/22/862.html) より一部抜粋し、転載。）

3章

社会の中で生きること

3-1 環境問題について考えてみよう

環境問題と自分の生活がどのようにかかわっているか考えてみよう。
地域の自然と人々の暮らしの関係について考えてみよう。
自分が将来就職した場合、職業人として環境問題に対し、どのようにかかわっていけばよいか考えよう。

❶わかっちゃいるけどやめられない…、では済まない時代に

　現在、世界各地で地球温暖化など、さまざまな環境問題がクローズアップされています。21世紀は「環境の世紀」とも呼ばれ、人類が生き延びていくためには、環境問題を避けて通ることはできません。世界の人々が手を取り合い、解決方法を探っていく必要があります。1997年12月に京都で開かれた第3回気候変動枠組条約締約国会議では、1990年の排出量を基準に、国ごとに具体的な温室効果ガスの削減目標が定められました。しかし、環境対策を行うことは、自国の経済発展を妨げる可能性があると主張する国もあり、この条約が発効したのは、会議から7年以上が経過した2005年の2月でした。この削減目標達成の期間は2008年から2012年の間でしたが、目標を達成できなかった国もあります。2015年には新たにパリ協定が採択されましたが、世界気象機関（WMO）が、地球温暖化にもっとも大きい影響を及ぼす二酸化炭素（CO_2）の大気中の世界平均濃度が過去最高を更新していると報告しています。環境問題やその影響に関しては、世界で多数の研究者が携わり、さまざまな意見があるのも確かです。また環境対策を行うことは、経済発展を妨げる可能性があると主張する国もあります。しかし、拡大する人間活動が、地球環境に深刻な影響を与えていることは認めざるをえない事実です。環境問題の解決のためには、問題の現状を正確に把握し、その発生原因を考え、実現可能な計画をたて、継続的に対策を講じていく必要があります。

　日本では、猛暑日の増加やゲリラ豪雨など気象の変化が目立つようになりました。特に夏場の都市部では、「ヒートアイランド現象」が発生しています。これはエアコンの外部取付機から大量に熱が放出されたり、アスファルトやコンクリートに太陽光の熱が蓄積されて、郊外に比べ都市部の気温が高くなる現象です。気温が高いと、その暑さのためまたエアコンを使ってしまい、さらにヒートアイランド現象が進んでしまうことになります。最近では、技術革新により省エネルギー製品など環境への負荷が少ない製品や、リサイクルしやすい製品も開発されてきています。しかし、例えば熱の放出量や電気の消費量が半分の製品が開発されても、それを2倍使えば同じになります。現在の経済優先の社会構造の中では、消費を増やすことがどうしても優先されてしまいますが、環境のことは心配だけど自分や社会をなかなか変えられないでは、環境問題は解決されません。今はもう、「わかっちゃいるけどやめられない」では済まない時代なのです。

❷まずは自分の生活を振り返ってみよう

　さて、環境問題をまずは身近な日常生活の視点で考えてみましょう。現在、身の回りには物があふ

れ、生活は本当に豊かになりました。例えば、電気製品を考えてみると、LED照明、スマート家電、タブレット、AI機器など、みなさんのお父さん、お母さんが子どものころには、家庭内にあまり普及していなかったものがたくさんあります。これらの製品のおかげで人々の暮らしはずいぶんと便利になりました。この便利さは一度体験してしまうとなかなか手放せないものです。しかしそれに伴ない、エネルギーの大量消費やゴミ問題など数多くの問題が発生しています。環境問題を解決する上で「Think Globally Act Locally＝地球規模で考え、足元から行動する」というスローガンがあります。環境問題は世界的な問題ですが、その解決には一人一人の行動が重要になります。

　一人の生活者として、自分が環境問題にどのような影響を与えているかを「ゴミ」を例に考えてみましょう。1週間に出した自分のゴミの種類と量を記録してみると、どれだけ自分が「ゴミ」を出しているかが具体的にわかります。その中にはリサイクルできるものや、まだ使えるものもあるでしょう。また、捨てる際に分別がしにくいもの、どのように捨てればいいのかわからないものもあるでしょう。

　日本人のゴミの排出量は、減少してきているとはいえ、一人当たり1日1kg近く輩出しています。ゴミの埋め立て地は、捨てる場所がないほどに埋まっているところもあります。また、現在、新たな環境問題である「マイクロプラスティック問題」が発生しています。街から排出されたプラスティックが海までたどり着き、海全体に浮遊していることがわかりました。貝や魚の体内からも発見されており、環境への影響が心配されています。ゴミを出さないライフスタイルを確立していくことが急務と言えます。

　各地の自治体では独自にゴミの処理方法を定めていて、なかにはゴミの大幅な減量に成功しているところもあります。一度、自分が住んでいる町のゴミの排出量やゴミの処理方法について調べてみるとよいでしょう。自分の生活を振り返り、少しでもゴミを減らす生活を実践したいものです。

❸地域の自然を知ろう

　次に、環境問題を地域の視点とくに生き物との関連から考えてみましょう。みなさんの学校は、都市部にありますか？　郊外にありますか？　それとも、農村部にありますか？　学校によって、まわりの環境はまったく異なるでしょう。教室の窓から見える風景は、ビル、住宅、商店街、駅、街路樹、雑木林、里山、田畑など学校によりさまざまだと思います。現在、世界的に「生物多様性の減少」が問題になっています。絶滅の危機に瀕している野生生物種をまとめたものを「レッドリスト」といいます。特に日本では、道路や商業地、住宅地、工場や農地を増やす計画を推し進めていった結果、野生生物が暮らす場所がなくなり、生き物の数が減少しました。

　また、人間が他の場所から持ち込んだブラックバスや、ペットとして飼えなくなり放してしまったカメの仲間が、地域固有の生態系に影響を与えたり、人間に危害を加えるケースも増えています。「ヒアリ」など、これまで日本で発見されなかった種が見つかるケースも報告されています。これらは「外来生物」とよばれ、世界的にも大きな問題になっています。グローバル化の進展とともに物と人が活発に往来することで、今後この「外来生物」の問題は、さらに増加していくことでしょう。

　地域の自然環境を一度調べてみて、人間活動があたえる自然への影響について、ぜひ一度、考えてみましょう。

❹自分が就きたい職業と環境のかかわりを考えてみよう

　最後に、働く者として環境とどうかかわっていかなければならないか考えてみましょう。

　将来みなさんはどのような職業に就きたいですか。みなさんがこの先、どのような職業に就くにしても、環境とのかかわりについて考えていかなければなりません。これまでに学習してきたように、世の中にはさまざまな職業があり、それらが人々の暮らしにさまざまな恩恵を与えています。しかし、な

かには環境に対して大きな負荷を与えている場合もあるのです。そのような場合は、環境対策をしっかりと立てなくてはなりません。

例えば、運送業について考えてみましょう。この運送業で働いている人が荷物を届けてくれるおかげで、われわれは毎日お店に行けば必要なものを買うことができます。しかし、運送の際に使われるトラックからは排気ガスが放出され、地球の温暖化や酸性雨の原因になっているといわれています。そこで、効率的な運送経路を考えたり、排気ガスの少ないトラックを開発するなどの対策が行われています。

環境への配慮に欠けた企業は、今後生き残っていけないと言われています。海外には環境保全への貢献度によって企業へ貸出す資金の金利を変化させる銀行があったり、環境税を導入するなどして、環境保全を進めている国もあります。企業の社会的責任（CSR:Corporate Social Responsibility）の一環として、環境保全活動に貢献している企業もあります。自分の職業選択の際に、職業と環境との関係をぜひ一度考えてみてください。

ワークシート

❶身の回りにある電気製品を書き出してみましょう。
その中で、自分自身、なくてもやっていけると思うものに○をつけてみましょう。

❷自分が1週間に出した、ゴミの量を記録してみましょう。

日付	曜日	ゴミの種類と量

❸地域で発生している環境問題をインターネットや地域での聞き取りで調べてみましょう。

❹職業名を一つあげて、環境とのかかわりを考えてみましょう。

職業名
　

・その仕事は人にどのような恩恵を与えていますか？

・その仕事は環境にどのような影響を与えていますか？

・上にあげた環境への影響は、どうすれば低減することができますか？

こんな本を
読んで
みよう。

・尾瀬あきら『夏子の酒』講談社、1999年
・石川　梵『鯨人』集英社、2011年
・レイチェル・カーソン『センス・オブ・ワンダー』新潮社、1996年
・石川 拓治『奇跡のリンゴ ——「絶対不可能」を覆した農家 木村秋則の記録』幻
　冬舎、2011年

G　学習の自己評価 ✿ ✿ ✿

1) 環境問題と自分の生活がどのようにかかわっているか考えることができましたか。	1　2　3　4　5
2) 地域の環境問題を調べ、その解決策に関して考えることができましたか。	1　2　3　4　5
3) 自分が将来就職した場合、職業人として環境問題にどのようにかかわっていけばよいか、考えることができましたか。	1　2　3　4　5

感想

検印

3-2 持続可能社会って、なに？

持続可能な社会とは、どのような社会か考えてみよう。
みなさんの日常生活が、世界とつながっている例を考えてみよう。
学校や地域での新しいつながりについて考えてみよう。

❶環境問題の解決から持続可能な社会の実現へ

環境問題が世界で深刻化するにともなって、「持続可能な開発（SD：Sustainable Development）」が注目されています。持続可能な開発は「将来世代のニーズを損なうことなく現在世代のニーズを満たす開発」、あるいは「人間生活を支える生態系の範囲内で、人間の生活の質を向上させること」と定義されています。いいかえれば、「地球の環境が壊されない範囲内で、みんながずっと幸せに生きていくことができる社会を、みんなで考えて、ともに創っていこう」ということです。そのためには、われわれ一人一人が地球に暮らす当事者であるという心構えをもち、行動していくことがとても重要になってきます。

ここで、高校生のみなさんも、グローバルな課題の当事者であるということを理解してもらうために、みなさんの日常生活と世界とのつながりについて、インドネシアとの関係で考えてみたいと思います。現在、インドネシアの熱帯林の減少が続いています。そのため熱帯林で暮らしていたオランウータンの生息地も減少しています。この話を聞くとみなさんはどのように感じますか。オランウータンがかわいそう、森を切るのをやめよう、なんで森を切るのだろうと思う人もいるでしょう。しかし、みなさんの日常生活がオランウータンの森の破壊とつながっているといわれたらどう思いますか？　スナッ

ク菓子やフライに使われる油やせっけんの材料の多くに、アブラヤシを原料としているパーム油が使用されています。このアブラヤシは熱帯林を伐採して植えられたものが多くあります。アブラヤシのプランテーションでは、日本の高校生のアルバイトの時給の、数分の１以下で働いている人がいるといわれています。これが安い食料や日用品が生産できる理由の一つです。みなさんは、１時間いくらで働きますか？　森は大切だ、でも高い商品は買いたくない、かといって安い賃金では働きたくない。

さて、解決策はどこにあるのでしょうか。

❷持続可能な社会を担っていくための学び：ESDそしてSDGsへ

現在、「持続可能な開発のための教育（ESD：Education for Sustainable Development）」が各国で進められています。ESDは、社会の持続性を脅かすさまざまな問題群（問題の集まり）の解決方法を探り、持続可能な社会を実現することを目標としています。日本は「持続可能な開発のための教育の10年（DESD）」を世界に提唱しました。そして、2005年から2014年までがその10年と定められユネスコがその中心的な機関となりました。DESD終了後も、地域、学校、NPO、企業などさまざまなところでESDの取り組みが継続されています。

2015年には、新たに国連サミットの場で、「Sustainable Development Goals（持続可能な開

図　SDGs17の目標

発目標）」（略称：SDGs　エスディージーズ）が採択されました。2016年から2030年までの国際目標で、持続可能な世界を実現するための17のゴールと169のターゲットから構成されています。「地球上の誰一人として取り残さないこと（Leave no one behind）を誓っています。SDGsは発展途上国のみならず、先進国自身が取り組むユニバーサル（普遍的）なものであるとしているところも特徴です。

❸「新しいつながり」を創っていくために

　「持続可能な社会をつくっていこう！」と口で言うのは簡単ですが、実際に行動するのは難しいものです。一人の人間ができることも限られています。では、どうすればよいのでしょうか。持続的な社会をつくっていくためには、人と人、人や地域あるいは国とのつながりを新しくつくり直して行く必要があります。とくに2011年の東日本大震災以降、国と国とのあり方が変わっています。日本はこれまでおもに支援をする側の国でしたが、東日本大震災では支援を受ける側でした。支援をしてくれた国の中には、発展途上国といわれている国も多く含まれています。これからの世の中は、SDGsでも掲げられているように、先進国や途上国という区分けではなく、

すべての国が普遍的につながりあってお互いの幸せのために協力し合っていく世の中になっていきます。

　「新しいつながり」を、まず自分のクラスで考えてみましょう。みなさんは友達の特技や好きなことを詳しく聞いたことはありますか。特技や好きなことの中には、その人の大きな力やモチベーションが秘められていることがあります。それぞれの得意分野を活かして学校生活でなにか新しいことができれば、きっと今より充実した学校生活が始まるはずです。

　得意分野を活かし合うことを「協働」といいます。この「協働」を学校から地域に視野を広げて考えてみましょう。みなさんと地域とのつながりはどうですか。近所のみなさんとのつながりはありますか。最近では地域コミュニティーの希薄化や崩壊などが指摘されていますが、学校を起点とした新たな協働による、地域創生プロジェクトが進んでいるところも増えてきています。

　「協働」と同じようなキーワードに「コレクティブ・インパクト」（Collective Impact）があります。コレクティブ・インパクトとは、立場の異なる組織が、組織の壁を越えてお互いの強みを出し合い社会的課題の解決を目指すアプローチのことと定義されています。高校生のみなさんの思いやアイデアが多くの人や地域、組織を巻き込み社会課題を解決

していくこともあります。ぜひ、高校時代に素敵な「コレクティブ・インパクト」を生み出してみてください。

❹持続可能な社会を作っていくための力…、実はこの科目の目標と同じ

持続可能な社会を作っていくために問われていることは、端的に言えば「他者とのかかわりを考えながら自分が主体的にどう生きていくか」です。右の表は、ESDにおいて重要視される能力です。これは実は自分の選択科目を考えたり、自分のあり方生き方を考える産社の授業の目標や、総合学科高校でみなさんにつけてもらいたい力と同じなのです。

ネイティブアメリカンのイロコイ族は７世代先の子孫のことを考えてあらゆること決めるといわれています。７世代といえば１世代30年と考えておよそ200年。経済や効率性が重視される現代に、この教えは大きな示唆を与えてくれています。この木は本当に今切るべきなのか、将来の世代にかえって不幸をもたらすのではないかと考えながら暮らしていく生き様に、はっとさせられます。目先の利益におわれ、また移り変わりの早い現代社会では、なかなか立ち止まって自分や社会のことを見つめなおすことができなくなっています。持続可能な社会をつくっていくには、このイロコイ族のようにとまでいかなくても、未来の世代のことを考え、長期的な視野をもって、行動していかなければなりません。そのためにはお金や利益以外の価値尺度が必要になります。物質面では満された今、人間の真の幸せを考えるときが来ました。次世代につなげていける社会をつくために、これからの社会はどうあるべきかを考え、自己のあり方生き方を選択していきたいものです。

ワークシート

❶みなさんの日常生活の中で、世界とつながっていると思うことをあげてみましょう。

例）ウナギの蒲焼の産地が、マダガスカル産と書いてあった。

❷友達の特技や趣味と自分の特技をつなげると、どんな新しいプロジェクトや活動ができるか考えてみましょう。

Ａさんの特技・趣味	私の特技・趣味	Ｂさんの特技・趣味

（3人のコラボプロジェクト）

例）農業を学んでいるＡさんが育てた野菜を使って、料理が得意な私が調理をして、英語が得意なＢさんがメニューを英語で書いて、文化祭に近隣の外国人の人たちを招待して、地域の国際交流会をやってみる！

表　ESDで重視する能力・態度（例）

① 批判的に考える力	⑤ 他者と協力する態度
② 未来像を予測して計画を立てる力	⑥ つながりを尊重する態度
③ 多面的、総合的に考える力	⑦ 進んで参加する態度
④ コミュニケーションを行う力	

（出典：国立教育政策研究所『学校における持続可能な発展のための教育に関する研究』）

❸前項の3人のコラボプロジェクトが実現すると、どんな地域課題・社会課題を解決できそうですか？

例）これまで、地域に住んでいる外国人のみなさんとの交流がまったくなかったので、相互理解を深める場を文化祭で提供できる！

❹上記のプロジェクトは、SDGsの何番（複数回答可）と関係がありますか？

例）SDGs11　住み続けられるまちづくりを
　　SDGs17　パートナーシップで目標を達成しよう

こんな本を
読んで
みよう。

・山内 道雄ほか『**未来を変えた島の学校──隠岐島前発 ふるさと再興への挑戦**』岩波書店、2015年
・日能研教務部『**SDGs 国連 世界の未来を変えるための17の目標 2030年までのゴール**』日能研、2017年
・佐藤 真久 監修、NPO法人ETIC 編集『**未来の授業 私たちのSDGs探究BOOK**』宣伝会議、2019年

⤺ 学習の自己評価 ✿ ✿ ✿

1) 自分の日常生活と世界のつながりを考えることができましたか。	1　2　3　4　5
2) 学校や地域での新しいつながりについて考えることができましたか。	1　2　3　4　5
3) 持続可能社会とはどんな社会か考えることができましたか。	1　2　3　4　5

感想

検印

情報社会について考えてみよう

情報社会の進展が社会や産業にどのような変化をもたらしているかについて理解を深めよう。

情報社会の進展がもたらした影響と問題点などについて考えよう。

望ましい情報社会のあり方を考えよう。

❶情報社会の進展による社会の変化

コンピュータやロボット、人工知能（AI）などの情報技術の進展や、情報通信ネットワークの拡大などによって、私たちの生活は大きく変化をしてきています。

スマートフォンがあれば、いつでもどこでもインターネットを通して欲しい情報を得ることができます。欲しいものを、インターネット上で検索し、商品情報や、口コミ情報を参照、比較しながら選び、現金を扱うことなく、宅配されて入手することができます。

また、SNS（Social Networking Service）等によって、文字だけでなく音声や動画なども含めて、手軽に情報発信をしたり、コミュニケーションをとることができます。

快適な温度や風力などを自動でコントロールしてくれるエアコンや冷蔵庫など、人工知能が搭載された家電も家庭の中に普及してきています。夜間や外出中に、床を掃除しておいてくれるお掃除ロボットや、高齢者の話し相手になるコミュニケーションロボットなども、家庭の中に入りこんできています。

さらに、セキュリティの効率化のための画像認識技術や、車の自動運転も実用化に向けて研究が進んでいます。こうした情報技術に支えられたサービスやシステムは、私たちの日常生活に浸透し、もはや不可欠なものになっています。

❷情報社会の進展による産業の変化

情報技術の進展に伴って、従来の産業のあり方が大きく変化をしています。多くの工場では、機械やロボットが実際の作業をし、それらを管理することが人の仕事になっています。商品の販売について、従来は店頭に商品を並べて対面で販売をしていましたが、今や、インターネットを介して商品やサービスを販売することが広がりを見せています。

企業などの広報・広告活動もインターネットを除外して考えることができません。検索サイトに入れられたキーワードに合わせて広告を出したり、SNSにおける口コミ情報、情報に対する賛同者数の多さによって、情報の拡散を狙うということも行われています。インターネット等の技術を使えば、かつては大きな資本を持つ企業や組織でしかできなかった情報発信が、個人でもできるようになっています。新しいアイデアとスキルがあれば、新たな産業やサービスを創造することも可能になるでしょう。

また、膨大なデータと学習機能を備えた人工知能が、患者の細胞画像からがん細胞を発見する、患者のデータからあらゆる病気の可能性をチェックするなど、最終的な判断や治療方針の決定などを行う医師のサポート役として力を発揮し、専門職と呼ばれる医師や法律家などの仕事のあり方にも変化がもたらされるでしょう。

人工知能の進展によって、これまで人が行ってき

た仕事の多くが、なくなっていくと言われています。一方で、新たに生み出される仕事もあるでしょう。生き残っていく仕事も決して今までどおりというわけではなく、その仕事の内容や、仕事の仕方に変化が起きてくるでしょう。

❸情報社会の進展がもたらす課題

しかし、こうした情報社会が進展していくに伴って、不正アクセスやコンピュータ犯罪、システムトラブル、個人情報の流出など、さまざまな問題、弊害が生じています。こういった問題に対処するためには、技術的なセキュリティ対策を行う他に、法律の整備や個人の意識・モラルの向上も必要でしょう。

また、こういった社会の変化に対応することができずに、情報社会から取り残されてしまう情報弱者への差別（デジタルディバイド）の問題、支援のあり方も考えていく必要があるでしょう。

今後、情報技術がさらに進展し、例えば、車の自動運転が実用化され、その車が交通事故を起こした場合、誰がその責任を負うのかなど、法律の整備や免許制度、保険などの社会システムを見直す必要もあるでしょう。

このように、これからの社会において、人間と人工知能がどのように共存していくかが大きな課題と言えるでしょう。

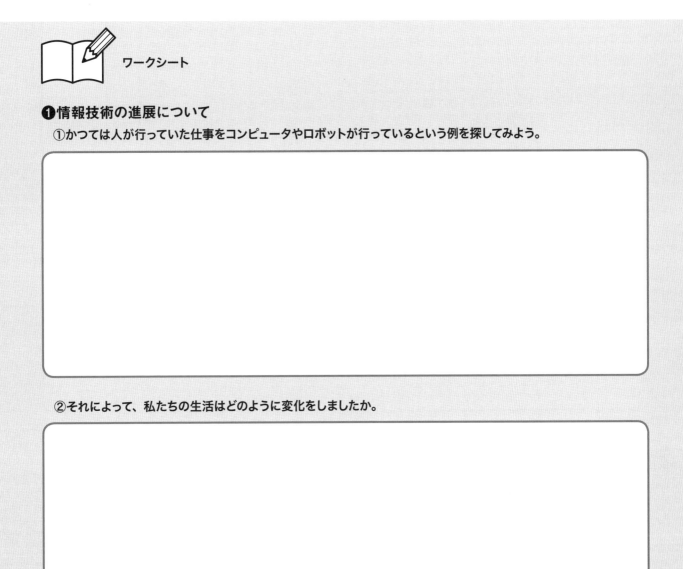

ワークシート

❶情報技術の進展について
①かつては人が行っていた仕事をコンピュータやロボットが行っているという例を探してみよう。

②それによって、私たちの生活はどのように変化をしましたか。

❷情報技術の進展による産業の変化

①情報技術の進展が進んだとしても、生き残っていく職業にはどんなものがあると思いますか。
（53ページ職業分類表を参照）

②それらには、どんな共通点がありますか。

③ ①であげた職業のうちの一つを選び、生き残っていく職業であっても、仕事の内容や仕事の仕方にどんな変化があるか考えてみよう。

④新たに生まれる職業やサービスを考えてみよう。

❸人工知能の進展に伴い、多くの仕事が代替されることによって、失業者が大量に生み出される反面、働かなくても一定程度の豊かさが社会にもたらされることが考えられます。そこで、一部の地域では、「すべての人に、無条件に一定の金額を支給する制度（ベーシック・インカム）」の導入が検討され始めています。

①ベーシック・インカム（例：すべての国民に一律に月8万円を支給する）を導入することによって起きる社会の変化について考えてみよう。

②ベーシック・インカムの導入に賛成か、反対か、またその理由を書き出してみよう。

こんな本を
読んで
みよう。

・松尾 豊『人工知能は人間を超えるか』角川EPUB選書、2015年

・ニュートン別冊『ゼロからわかる人工知能』ニュートンプレス、2018年

6 学習の自己評価 ✿✿✿

1) 情報社会の進展とそれに伴う社会の変化についての理解が深まりましたか。	1 2 3 4 5
2) 望ましい情報社会のあり方について考えることができましたか。	1 2 3 4 5
3) 主体的に取り組めましたか。	1 2 3 4 5

感想

検印

3-4 情報モラルって、なに？

情報通信技術の発展によって引き起こされている問題について考えてみよう。
ICT社会に必要とされる心がけについて考えてみよう。
社会におけるモラルの大切さを理解しよう。

❶情報モラル

　急速に技術革新が進む情報通信技術によって、数年前までは想像もし得なかった生活スタイルになることは珍しいことではなくなりました。これからもその流れは続いていくでしょう。変化の激しい情報化社会を上手に生き抜くために必要となる「心がけ」と「知恵」のことを情報モラルといいます。

　「心がけ」とは他人の立場や権利を尊重しようという態度、法やきまりごとを守ろうとする態度のことをいいます。一般的にモラルというとこの「心がけ」を指しますが、情報モラルという場合においては「知恵」も含まれることを理解しておきましょう。では「知恵」とはどのようなことでしょうか。情報化社会のもっとも特徴的なものがネットワーク社会です。ネットワーク上には膨大な情報があふれており、その中には信ぴょう性の低い情報や誤った情報も数多くあります。

　悪意をもって偽情報を発信したり、個人情報を不正に入手し、それを悪用しようとする人物も残念ながら存在します。詐欺などの犯罪に巻き込まれ被害者になったり、軽はずみな行動が重大な事件・事故へと発展し加害者になることもあります。ネットワーク社会にはこのような危険が数多くあることを知り、もしそのような場面に遭遇したときに適切に対処できる判断力や対処方法を身につけておかなければなりません。これが情報モラルとして私たちが身につけたい「知恵」なのです。

　この授業では情報モラルのうち、特に「心がけ」について考えていきます。「知恵」については情報の授業で詳しく学習することになります。そのときに本日の授業とも関連させながら、改めて情報モラルについて考えてみましょう。すでに情報の授業で学習した人は、その情報の学習を思い出しながら今日の授業に臨みましょう。

❷ICT社会の「心がけ」

　情報モラルの「心がけ」とは、他人の人格や権利を守り尊重しようとする態度のことです。その中には法やきまりを遵守しようとする態度も含まれます。

　コンピュータはもちろん、スマートフォンや携帯電話、ゲーム機など私たちの周りにはさまざまな情報機器があふれています。それらの多くはネットワークによって相互につながりをもち、実生活をはるかに超えるコミュニティをも形成するようになりました。facebookやtwitterはみなさんもよく知っているSNS（ソーシャルネットワーキングサービス）ですね。相手の顔が見えるつきあいと異なり、ネットワークを介したコミュニケーションはその先の相手が見えない場合が多いといえます。また、普段つきあいのある人とのコミュニケーションもネットワークを介することで実生活とは離れ、相手の存在があたかも「バーチャル（virtual）」なものとの錯覚をもってしまう場合もあります。そうした状況に加えて、ネットワークには匿名性という特徴もあ

ワークシート

❶情報通信技術の発展によって生じている社会問題をいくつかあげてみましょう。
必要に応じてインターネットなどを利用して情報を集めてみましょう。

❷これまでに、あなたの周りの友人や家族がネットワーク社会のトラブルに巻き込まれたという話を
聞いたことはありませんか。
また、あなた自身がそのようなこと（掲示板、SNS などの書き込みも含めて）に巻き込まれ困っ
たことなどはありませんか。思いつく事例をいくつかあげて、クラスの中で情報を共有しましょう。

り、実生活では相手のことを考えて行動できる人で
あってもネットワーク上では、無意識に他人を傷つ
ける言葉を発信し問題となることもあります。電
子メールなども含め情報を発信する場合は、コン
ピュータやスマートフォンの向こう側にいる「人」
の存在をしっかりと認識しなければなりません。

「こういうことは書いてもいい」とか「ダメだ」
とかというきまりごとはありません。どのように行
動するのかは、みなさん自身が自らの「心がけ」に
より判断することとなります。また、急速な情報通
信技術の発展に伴って新しい問題も多く発生しま
す。そのような状況においては、大きなトラブルを
防止するための法の整備も追いつかないのが、情報
化社会の特徴でもあります。しかもその問題は大
人、子どもに関係なく広い範囲に及びます。そのよ
うに、きまりごとのない場面においてどのように行
動するのが適切なのかという判断も、みなさんの
「心がけ」にゆだねられることとなります。

一方、ICTを利用するうえでのきまりごとも多く
つくられています。自分のホームページやブログ

に、友達がつくった絵や詩などをあたかも自分の作
品のように掲載すること、学校のレポートにイン
ターネット上にある文書をそのまま利用すること、
アーティストのCDやDVDをコピーし友達に販売す
ること、ネットワーク上に違法にアップロードされ
ている音楽や画像を自分のコンピュータや携帯端末
にダウンロードすることなどは、著作権法という法
律によって禁止されている行為です。

2010年6月にはインターネットの動画投稿サイ
トYouTubeに人気漫画「ONE PIECE（ワンピー
ス）」などを違法に投稿したとして、男子中学生
（当時14歳）が著作権法違反の容疑で警察の摘発を
受けました。これくらいはいいだろう、きまりは
あるけどみんなやっているだろうという甘い認識に
よって逮捕されるケースも発生しています。ただ、
あくまでも「心がけ」として大切なのは、罰がある
から守らなければという認識ではなく、他人の権利
を守り尊重することがひいては自分の権利を守るこ
とにつながるという意識をもつことでしょう。

❸変化の激しい情報化社会を上手に生き抜いていくために必要な「心がけ」について、あなた自身は具体的にどのような行動をとらなければならないと思いますか。すぐに実行できるもの、将来にわたってもち続けなければならないものなど、さまざまな視点から思いつくものをあげてみましょう。

❹❸であげた内容をお互いに発表し、情報化社会を自律的（自分自身の力で適切に判断、行動できること）に支える一人となるための「心がけ」について、クラスの中で議論してみましょう。

❺次のページの資料は、社会におけるモラルについて書かれたものです。情報社会に限らず、私たちの生活は人々のモラルによって支えられているといっても過言ではありません。小学校や中学校の道徳の授業も思い出しながら、「社会を支える人々のモラル」についてクラスの仲間と自由に議論してみましょう。

「モラル」とはどういうことだろう？

◎一人一人違う価値観

「育ってきた環境が違うから、好き嫌いはイナメナイ……」
これはかつての人気アイドルグループSMAPの歌う「セロリ（作詞／作曲 山崎まさよし）」の歌いだし部分です。クラスの仲間、友人、あなた自身は誰もがみな、育ってきた環境が大きく違うはずです。お互いの違いはセロリが好きかどうかというような食べ物のことだけでないというのは、みなさんも容易に理解できるでしょう。映画や本を読んだときの感じ方、興味・関心のある分野、得意なこと不得意なこと、およそ同じ環境で育ったといえる兄弟・姉妹の間であっても違っているのがごく普通のことですね。このように人がものごとを判断したり、考えたりする基準となるものをその人のもつ価値観といいます。その価値観には「やっていいこと」「やってはいけないこと」の区別をどこでどのようにつけるかということも含まれます。例えば、電車やバスなどの公共交通機関の中で化粧をする女性について話題になることがあります。「化粧をしてはいけません」という法律もきまりごともありません。別に問題ないと思う人もいるし、控えるべきだという意見もあるでしょう。まさに「価値観の違い」によって生じる意見の相違といえます。このような価値観は一人一人異なっているものです。

◎社会のきまりごと

社会ではしばしばこの価値観の違いによって問題が発生します。そこで一人ずつ違っている価値観を超える基準が必要となり、きまりごとがつくられます。法（法律や条例など）もその一つです。法を守らないと罪となりその人には公の権力によって一定の罰が与えられます。しかし法だけでは人と人、人と社会の関係すべてを網羅することは不可能です。あくまでも法は大きなトラブルを防止するためのものにすぎません。私たちがより快適にそして気持ちよく生活するために、法以外にも私たちの周りには家庭内でのきまり（門限など）、地域のきまり（ゴミの出し方など）などきまりごとがたくさんあります。みなさんの学校の校則もその一つでしょう。さて、このようなきまりごとだけでトラブルが発生しない程度に、人が楽しく快適に過ごしていくことはできるでしょうか。みなさんもそれは無理だろうということはなんとなくわかりますね。きまりにないからということで、多くの人が自分に都合のいいように振る舞うようになれば、その社会はうまく機能しなくなります。またきまりごとがあってもそのきまりごとを守ろうという心がけをもった人が少なければ、きまりごとはなんの意味ももたないことになります。

◎モラルの大切さ

きまりごとがあるだけでは人々が円滑に社会生活を送ることはできません。みなさんも普段の生活を振り返ってみましょう。人はものごとを判断するときにきまりがあるとかないとかだけに頼ることはありませんよね。私たちはこういう場合はこうするべきだとかこのような場所ではこういう態度が必要だとか常に判断をしながら生活しています。このように個人の判断と行動を支える考え方を「モラル（moral）」といいます。モラルも人の価値観の一つです。きまりごとを守るか守らないかの判断もまたその人のモラルによります。モラルは日本語に訳すと道徳とか倫理という言葉になります。みなさんは小学校、中学校で道徳という学習をしてきたでしょう。そこではなにを学びましたか。道徳には「他人に迷惑をかけないようにしよう」とか「うそはつかないようにしよう」などはっきりとなにをどうすればいいのかという明確な基準などはありません。そのような基準がないぶん、あくまでも個人の責任にゆだねられているものです。自分で判断し自分で行動していくということは、周りが決めてくれたものに従うということとは比較にならないほど難しいものです。高いモラルをもって行動することはその人がよりよく生きるため、そしてよりよい社会を築くために個人に課せられた最大の責任といえます。

こんな本を読んでみよう。 ・金城学院中学校・高等学校編著
『中高生のためのケータイ・スマホハンドブック』学事出版、2013年

↻ 学習の自己評価 ✿ ✿ ✿

1）情報化の進展に伴ってさまざまな問題が発生していることがわかった。	1	2	3	4	5
2）ICT社会における心がけについて考えることができた。	1	2	3	4	5
3）社会生活において個人のモラルが大切であることを理解できた。	1	2	3	4	5

感想

検印

3-5 「多文化共生社会」って、なに？

多様な人々の中で生きている自分の存在を確認しよう。
地球規模の問題を自分たちの課題としてとらえ、解決のあり方を探ろう。
共に生き、共に学ぶためにできることを考え、実行しよう。

❶自分の身の回りから「多文化共生社会」を考えてみましょう

今日、みなさんの日常生活がグローバルに結びついていると実感する機会はたくさんあると思います。例えば毎日、私たちはインターネットやSNSを通してリアルタイムで世界の情報を入手し、世界中に動画を配信することもできます。

❷多様な人々とのかかわりの中で生きている自分たちの存在を確かめてみましょう

コンビニエンスストアに買い物に行くと外国出身の店員さんが応対してくれた経験をもつ人は多いでしょう。また、自身が外国とつながりをもつという人もいるでしょう。

みなさんにとって今、地域や学校の教室は異なる多様な考えをもつ人たちで構成されており、多様な文化・価値観に触れる場なのです。日々の生活を通して、多文化共生社会に生きる態度とスキルを養いましょう。

❸地球規模の問題を自分たちの課題としてとらえ、解決のあり方を探りましょう

みなさんは世界の現状に関心をもっていますか。

私たちがこれから進むべき道はどうなっていくのでしょうか。

現実の世界では解決すべきさまざまな問題や紛争があります。しかし、平和で豊かな社会で暮らしていると、このような問題にかかわりをもたずに生活しがちです。メディアを通して世界の様子を知ることはできますが、それらで世界で起こっている現実をすべて正しく理解できるとは限りません。

これからますます国境の壁が低くなり、グローバル化した社会に生きるみなさんは、世界の現状と課題を正しく理解していく姿勢を身につけることが求められます。

❹グローバル市民として必要な力とはなにか、考えてみましょう

今後、人・もの・情報などのグローバル化はますます進んでいくでしょう。みなさんは知識として異文化を理解するだけではもはや不十分で、異なる文化をもつ人々と実際にかかわりながら、課題を解決していく力が必要となります。

そのためには、「相手のことを考え行動できる」「自分の状況・考えを正しく伝えられる」「感情的になるのでなく、物事を論理的にとらえ、相手に誠意をもって伝えようとする」といった態度を意識していくことが大切です。

❺共に生き、共に学ぶためにできることを考え、実行してみましょう

みなさんは「フェアトレード」について知っていますか。利用したり、企画したことがありますか。

「NGO」「SDGs」とはなんのことでしょう。現在、高校生が参加、協力できる国際協力やボランティアがたくさんあります。それらの活動に参加、協力し、自分にできる身近なことからアクションを起こしてみませんか。

ワークシート

❶あなたの最近の体験の中で、異なる文化をもつ人々とコミュニケーションした経験を思い出し、うまくいったケースと失敗したケースを考えてみましょう。

❷あなたが言葉や文化習慣の異なるところで暮らすことになったら、どんな困りごとがあるでしょうか。具体的な生活場面を想定して書き出してみましょう。

❸日本に住む外国人が暮らしやすくなるためにはどんなことをしたらよいと思いますか。具体的に考えてみましょう。

❹今日、地球規模で解決が求められている問題としてＳＤＧｓ（持続可能な開発目標）が注目されています。あなたが気になる目標はなんでしょう。グループで話してみましょう。

> 主な目標：貧困　質の高い教育　ジェンダー　安全な水　気候変動対策　自然との共生　エネルギー
> 人や国の不平等　住み続けられるまちづくり　つくる責任つかう責任　平和と公平

❺これからの社会に生きていくために必要な「国際感覚」「地球市民感覚」とはどんなものでしょうか。次の文章を手がかりに考え、話し合ってみましょう。

　国際感覚があるということは、ただ流暢に外国語を話し外国人とそつなくつきあえるというような単純なことではありません。また、国際感覚を身につけるということは、これさえ手に入れれば大丈夫というような、1本の「魔法の杖」を見つけることでもありません。（中略）それは、現代社会の中で、1人の人間が自分の生き方を貫こうとしたらいったいどういう資質が求められるのか、と問うことでもあります。

　国際感覚を身につけている人というのは、たとえばつぎのような人のことです。「自分なりの意見をきちんともっている人」「それを正確に人に伝えることのできる人」「つねにステロタイプの発想をさけようと努めている人」「海外のことだけでなく、日本についてもよく知ろうとしている人」そして「異文化と正面から向き合おうと心がけている人」などです。

　地球市民とは、「自分の足元から世界をみつめ、地球の未来について自分の頭で考えていこうとする人」「歴史の事実をありのままに見つめ、そこから目をそらさない人」「自分の内部に生まれてくる偏見を自覚し、それとたたかいつづけていこうとする人」「自然と人間の共生を考える人」「世界の相互依存関係を認識し、人びととグローバル・イシューを共有できる人」「自分の国の利益だけにとらわれず、より広い普遍的な発想を持てる人」「グローバル・イシューの解決にむけて、討議に参加し、知恵やアイデアを出し、身近なところからでも行動していこうとする人」です。

　ただ、このように並べてみると、地球市民であることがなにかとてつもなくむずかしいことのようにみえますが、そう特別なことではありません。これは地球上に生きる人間としての、生きる姿勢の問題だからです。

　自分の足元から世界を見る視点をもち、同時に世界の動きの中に自分の生き方をすえて考える視点をもつこと。結局その両方をもつ人が、広い意味での国際感覚なり、地球市民感覚をもつ人だということになるのではないでしょうか。

（渡部 淳『国際感覚ってなんだろう』岩波ジュニア新書、1995年より）

❻あなたが共生社会づくりに参加する方法として考えられるものにはどのようなものがありますか。活動団体のホームページなどを見てあげてみましょう。また、あなたが生活する地域社会ではどんな取組やイベントが行われていますか。調べてみましょう。

> 参考：フリー・ザ・チルドレン・ジャパン（http://www.ftcj.com/）
> 国際協力NGOセンター（https://www.janic.org/）

こんな本を
読んで
みよう。

・平山修平　『国際コミュニケーション──地球規模でつながる』
実教出版、2016年

・西あい、湯本浩之『グローバル時代の「開発」を考える──世界と関わり、共に生きるための7つのヒント』明石書店、2017年

↻ 学習の自己評価 ✿ ✿ ✿

1）多様な人々の中で生きている自分の存在を確認できましたか。	1	2	3	4	5
2）地球規模の問題を自分たちの課題としてとらえることができましたか。	1	2	3	4	5
3）多文化共生に向けてできることを考えることができましたか。	1	2	3	4	5

感想

検印

3-6 福祉社会って、なんだろう？

福祉社会とはなにかを理解しよう。
疑似体験をして自分はどう感じたか考えよう。
福祉社会と自分はどのようにかかわっていくか考えよう。

❶福祉社会って、なに？

　福祉社会とはどのような社会でしょうか？　「福祉」とは「幸せ」の意味ですから、幸せな社会といえます。では一人だけや特定の誰かだけが幸せになればよいのでしょうか？　それは違います。みんなが幸せになれる社会、それが福祉社会です。

　ところで、みなさんは中学校の社会科の授業で日本国憲法を学習しましたね。三大原則というものがあったのを覚えていますか？　平和主義、基本的人権の尊重、国民主権の三つのことです。考えてみましょう。戦争が起こっているとき幸せでしょうか？違いますね。家族や友人が戦争で亡くなったらこんな不幸なことはありません。つまり、みんなが幸せになるためには平和であることが前提なのです。

　また憲法には基本的人権として平等権や社会権といった権利があります。特に、憲法25条には「健康で文化的な最低限度の生活を営む権利」があると規定されていますし、13条には「幸福追求の権利」が、14条には「平等権」が国民にあると規定されています。平等でみんなが幸福をそれぞれ追求できる社会にしようというのです。

　いいかえれば、福祉社会とは「平和で基本的人権を保障する社会」とも言えます。しかし、現実にはまだまだ差別や偏見が根強く残っていて、残念ながら実現できていません。まずは差別をなくしていくことです。そのためには互いが互いの位置に身を置き、相手の立場になって考えることがとても大切で

す。また、最近「バリアフリー」とか「ユニバーサルデザイン」、それに「インクルージョン」という言葉を聞いたことがあると思います。

【バリアフリー】

　障害（barrier）を解放（free）し、障害物を取り除き、高齢者や障害のある人の利用にも配慮した建築物や道路の設計のこと。

【ユニバーサルデザイン】

　障害をもつ人、もたない人に関係なく、すべての人にとって使いやすい形状や機能が配慮された造形、設計のこと。

【ソーシャル・インクルージョン】

　厚生省（2000年）の定義によれば「全ての人々を孤独や孤立、排除や摩擦から援護し、健康で文化的な生活の実現につなげるよう、社会の構成員として包み支え合うこと」であり、そのための社会福祉を模索する必要があるとしている。

　高齢者や障害のある人も、バリアフリー化が進めば、外出も容易にできるようになり、いろいろな社会参加が一層できるようになります。また、ユニバーサルデザインで、すべての人に使いやすいものができればとても便利です。つまり福祉社会とは、高齢者・障害のある人など社会的に不利を負う立場の人たちが市民として共生できる社会です。共生とは「共に生きる」ということです。もっと言えば社会的に不利を負う立場というものをなくし、みんな平等に安心してさまざまな活動に参加できる社会ということです。そのためには、制度や設備の問題点

や心理的な問題も積極的に対処、改善していく必要があるわけです。

そして、それらの問題点に自分はどう考えてかかわっていくのか、学校の設備などの中で見直すところはないのかなど、考えていくことが、これからの福祉社会を担う者としてはとても大切なことでしょう。

❷福祉社会の諸課題は？

＊高齢者福祉の諸課題
＊障害のある人の福祉の諸課題
＊児童家庭福祉の諸課題
＊地域福祉の諸課題
＊公的扶助福祉（生活保護制度等）の諸課題

と大きく分けると五つあります。

これらの諸課題を考える際に重要な背景となるのが「少子高齢社会」ということです。

「少子化」→

2007年に出生率が死亡率を下回りました。この少子化傾向が続くと21世紀半ばに人口は1億人を割り、2100年には現在の半分以下になると予測されます。

「超高齢社会」→

国連の定義によれば65歳以上の高齢者人口割合が21％を超えた社会をいいます。日本は1970年に7％を超えて高齢化社会となり、1995年に14％を超えて14.5％の高齢社会となり、2007年には21.5％の超高齢社会となりました。

高齢者が多くなれば介護の問題も出てきます。日本では社会福祉士、介護福祉士という国家資格を設け、また高齢者の生活の安定と家族の介護の負担を軽減することを目的に、介護保険法（2017年改正）をつくりました。この法律では、介護職員が介護の必要な家庭を訪問し、介護などを提供するサービスが大事とされています。この資格は、都道府県または指定を受けた機関で「介護職員初任者研修」を修了すると得られます。興味がわいた人は社会福祉協議会に聞いてください。

人は誰でも年をとります。年をとれば、足腰が弱くなったり、視力が落ちたりしてきます。しかし、若いみなさんはなかなか実感がわきません。そこで、インスタントシニア体験グッズなどを使って疑似体験することも大切です。授業を1日その状態で受けてみることも大きな経験になるでしょう。また、支援ロボットについて調べたり、展示会で直接触れたりすることもよいでしょう。

図　日本の人口の推移　○日本の人口は近年減少局面を迎えている。2065年には総人口が9,000万人を割り込み、高齢化率は38％台の水準になると推計されている。

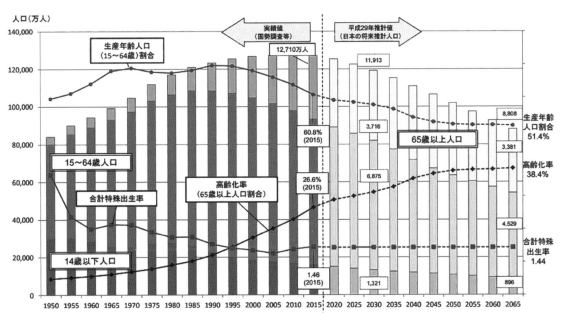

（出所）総務省「国勢調査」及び「人口推計」、国立社会保障・人口問題研究所「日本の将来推移推計人口（平成29年推計）：出生中位・死亡中位推計」（各年10月1日現在人口）厚生労働省「人口動態統計」

ワークシート

❶衣食住に分けて最低限度の生活とはなにか、考えてみましょう。

衣	食	住

❷なぜ超高齢社会になったのか、考えてみましょう。

❸バリアフリーやユニバーサルデザインの場所やものをいくつかあげてみましょう。

❹支援ロボットについて調べましょう。（どんなことをするのか、種類、価格など）

❺車椅子体験やインスタントシニア疑似体験・支援ロボット体験をしてみましょう。

（車椅子・アイマスク・インスタントシニア体験）

①どこで車椅子・アイマスク・シニア体験用具が借りられるか調べてみよう。

3章　社会の中で生きること

②目的地（学校の近くのお店）を決め、実際に行ってなにか買ってこよう。

◇**体験する前の気持ちを書こう。**

◇**道順地図を書こう。**
　実際に行って安全だった場所、バリアフリーの場所、危険だった場所に印を付けよう。

③不自由だった点、危険だった点などをあげ、どうすれば改善されるか、考えよう。

❻福祉社会を押し進めるにはどうすればよいか、以下の点から考えてみましょう。

①自分はどうすればよいか。

②学校や家庭はどうすればよいか。

③企業や国や地方自治体はどうすればよいか。

④国際的にはどうすればよいか。

⎌ 学習の自己評価 ✿ ✿ ✿

1) 福祉社会の意味について理解できましたか。	1　2　3　4　5
2) 疑似体験をすることにより改善点を考えられましたか。	1　2　3　4　5
3) 福祉社会を実現するために自分はなにをすべきかを考えられましたか。	1　2　3　4　5

感想

検印

3-7 社会保障制度について考えてみよう

社会保障制度とはなにか考えてみよう。

わが国の社会保障制度はどのようなものか考えてみよう。

わが国の社会保障制度にはどのような課題があるか考えてみよう。

3章　社会の中で生きること

❶社会保障制度とは

　人はみな、健康で働き、生活に必要な収入を得て、希望にあふれて幸福な生活を送ることを願っています。しかし、人は誰でも年をとり、働く場から離れて、引退後の生活を送ることになります。また、若くても不意の病気や事故に襲われて、入院や治療を余儀なくされ、働けなくなることは誰の身にも起こりうることです。働けなくて、収入の道も絶えて、困って弱っている人はどんなにか心細いことでしょう。それは、個人の責任だと見捨てていいのでしょうか。そうではなく、困っている人、弱っている人を社会のみんなで助けていこう、お互いに助け合える仕組みを整えていこうというのが社会保障制度の基本的な考え方です。そして、社会保障制度が整っていて、みんなで助け合って安心して暮らせる社会があるということが前節で学習した福祉社会の実現ということになります。

　また、「共に生きる社会（共生社会）」やインクルージョンの考え方も、社会保障制度が充実することによって実現の可能性が見えてくるのです。

❷わが国の社会保障制度

　日本の社会保障制度は四つの柱から成り立っています。

〈社会保険〉

①**年金保険**：高齢や障害で働けなくなったときに現金を給付します。20歳以上60歳未満の全国民が加入します。

②**医療保険**：病気や怪我の際に、一部負担金だけで医療を受けられます。

③**雇用保険**：労働者が失業したときに、一定期間給付され、再就職を支援します。

④**介護保険**：介護が必要になった高齢者に介護サービスの費用が給付されます。保険料は40歳以上の国民から徴収します。

⑤**労災保険**：勤務中または通勤中に災害を受けた労働者の治療や遺族の生活保障に給付されます。保険料は事業主が全額負担します。

〈公的扶助（生活保護）〉

　生活に困窮している人に対して「健康で文化的な最低限度の生活」を保障します。

〈社会福祉〉

　保護者のいない児童や障害者・高齢者・単親家庭など、社会的にハンディキャップを負っている人に対して、生活援助や自立支援を目的に、保育所や老人ホームなどの施設やサービスを提供します。

〈公衆衛生〉

　国民が健康に生活できるように、感染症予防、生

活習慣病対策、食品衛生、環境衛生等の対策に取り組みます。全国に設置されている保健所が活動の拠点となります。

❸わが国の社会保障制度の課題

社会保障関係予算の不足

少子高齢化で高齢者の医療費、年金、介護などに要する費用は年々増加し、また、不況の長期化で失業者や生活保護の対象者も年々増加しています。にもかかわらず、財政状況は年々悪化し、社会保障関係予算は不足しています。社会保障関係予算をいか

にして充実させるかが福祉社会への課題です。

年金制度改革の必要

年金制度には大きく分けて、世代間扶養の考え方に基づき現役世代全員で拠出した保険料で年金をまかなう賦課方式と自分の積立金により年金をまかなう積立方式があります。わが国は賦課方式を基本としていますが、少子高齢化を背景に制度の維持が難しくなってきています。年金保険料を納める現役労働者は減少し、年金受給者の高齢者が増大するという負担と給付のバランスが崩れてきています。このため、年金制度の改革が急務になっています。

図1　日本の財政

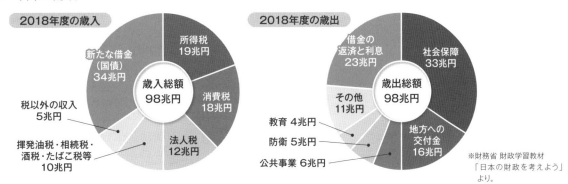

※財務省 財政学習教材
「日本の財政を考えよう」
より。

図2　社会保障給付費の推移

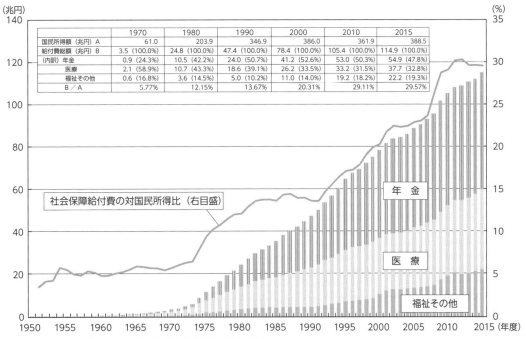

	1970	1980	1990	2000	2010	2015
国民所得額（兆円）A	61.0	203.9	346.9	386.0	361.9	388.5
給付費総額（兆円）B	3.5 (100.0%)	24.8 (100.0%)	47.4 (100.0%)	78.4 (100.0%)	105.4 (100.0%)	114.9 (100.0%)
（内訳）年金	0.9 (24.3%)	10.5 (42.2%)	24.0 (50.7%)	41.2 (52.6%)	53.0 (50.3%)	54.9 (47.8%)
医療	2.1 (58.9%)	10.7 (43.3%)	18.6 (39.1%)	26.2 (33.5%)	33.2 (31.5%)	37.7 (32.8%)
福祉その他	0.6 (16.8%)	3.6 (14.5%)	5.0 (10.2%)	11.0 (14.0%)	19.2 (18.2%)	22.2 (19.3%)
B／A	5.77%	12.15%	13.67%	20.31%	29.11%	29.57%

資料：国立社会保障・人口問題研究所「平成27年度社会保障費用統計」
（注）1963年度までは「医療」と「年金・福祉その他」の2分類、1964年度以降は「医療」「年金」「福祉その他」の3分類である。
※「平成29年版厚生労働白書」より。

図3 社会保障関係費の内訳 (2018年度予算)

（単位：億円）

福祉・その他
62,464
(18.9%)

介護
31,153
(9.4%)

社会保険
関係費計
329,732億円

医療
118,079
(35.8%)

年金
118,036
(35.8%)

(注1) 計数については、それぞれ四捨五入によっているので、
端数において合計とは合致しないものがある。
(注2) 2.年金 (3) 福祉年金には福祉年金給付費及び特別障害
給付金給付費に係る国庫負担額を記載している。

※「社会保障について」(2018年4月11日 財務省
「財政制度等審議会財政制度分科会」資料) より。

図4 わが国の公的年金制度の仕組み

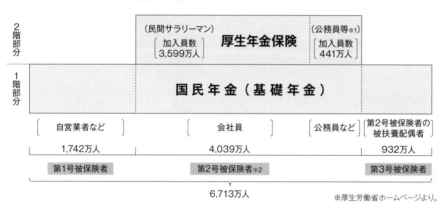

2階部分	（民間サラリーマン）[加入員数 3,599万人] 厚生年金保険		（公務員等※1）[加入員数 441万人]
1階部分	国民年金（基礎年金）		
	自営業者など	会社員	公務員など	第2号被保険者の被扶養配偶者
	1,742万人	4,039万人		932万人
	第1号被保険者	第2号被保険者※2		第3号被保険者

6,713万人

※厚生労働省ホームページより。

※1 被用者年金制度の一元化に伴い、平成27年10月1日から公務員および私学教職員も厚生年金に加入。また、共済年金の職域加算部分は廃止され、新たに年金払い退職給付が創設。ただし、平成27年9月30日までの共済年金に加入していた期間分については、平成27年10月以降においても、加入期間に応じた職域加算部分を支給。

※2 第2号被保険者等とは、被用者年金被保険者のことをいう（第2号被保険者のほか、65歳以上で老齢、または、退職を支給事由とする年金給付の受給権を有する者を含む）。

高齢者の介護サービスの充実

少子高齢社会では高齢者のみの世帯も多くなり、高齢者介護を社会的に保障することが必要になってきます。この問題に対応するために介護保険制度が2000年(2017年改正)から始められました。必要とする高齢者に介護サービスの費用を給付するのですが、介護サービスを支える介護職員をはじめ、デイサービスやショートステイの施設やスタッフが不足していて、十分な介護サービスが受けられないのが現状です。

図5 平均寿命の推移と将来推計

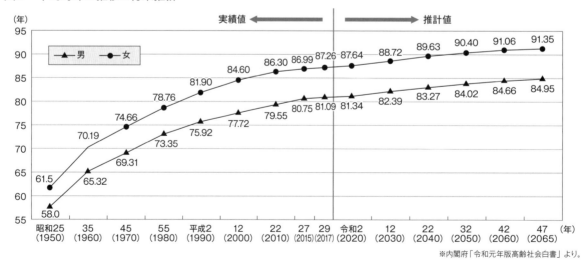

| | | | | 実績値 ← | → 推計値 | |
| --- | | | | | | |

（年）
実績値 ← → 推計値

■▲男 ●女

女: 61.5 / 65.32 / 69.31 / 78.76 / 81.90 / 84.60 / 86.30 / 86.99 / 87.26 / 87.64 / 88.72 / 89.63 / 90.40 / 91.06 / 91.35

男: 58.0 / 65.32 / 69.31 / 73.35 / 75.92 / 77.72 / 79.55 / 80.75 / 81.09 / 81.34 / 82.39 / 83.27 / 84.02 / 84.66 / 84.95

女(追加値): 70.19 / 74.66

昭和25(1950) 35(1960) 45(1970) 55(1980) 平成2(1990) 12(2000) 22(2010) 27(2015) 29(2017) 令和2(2020) 12(2030) 22(2040) 32(2050) 42(2060) 47(2065)（年）

※内閣府「令和元年版高齢社会白書」より。

資料：1950年は厚生労働省「簡易生命表」、1960年から2015年までは厚生労働省「完全生命表」、2017年は厚生労働省「簡易生命表」、2020年以降は、国立社会保障・人口問題研究所「日本の将来推計人口（平成29年推計）」の出生中位・死亡中位仮定による推移結果
(注)：1970年以前は沖縄県を除く値である。0歳の平均余命が「平均寿命」である。

ワークシート

❶勤労者は報酬月額から社会保険料（健康保険料・厚生年金保険料など）を支払います。
　例えば、月給20万円の従業員は、社会保険料をいくら支払うのか調べてみましょう。

❷年金制度の賦課方式と積立方式について調べてみましょう。

❸基礎年金の財源は、社会保険方式か税方式かについて話し合ってみましょう。

❹介護サービスについて調べてみましょう。

❺社会保障制度には「低福祉・低負担のアメリカ型」と「高福祉・高負担の北欧型」とがありますが、
　わが国はどちらを目指すべきか話し合ってみましょう。

🔄 学習の自己評価 ✿ ✿ ✿

1）社会保障制度について考えることができましたか。		1　2　3　4　5
2）わが国の社会保障制度の課題について考えることができましたか。		1　2　3　4　5
3）これからのわが国の社会保障制度について考えることができましたか。		1　2　3　4　5

感想

検印

3-8 ジェンダーと働き方

ジェンダーと働き方について、問題点と課題について考えてみよう。
人が互いにその人権を尊重し、性別にかかわりなくその個性と能力を
発揮することができる、社会のあり方について理解を深めよう。

❶人がお互いを尊重し、個人として認められる社会

人類の長い歴史の中で、「女だから……」「女のくせに……」というように、女性に対してさまざまな偏見や差別がありました。一方、「男のくせに……」という言葉で非難されたり、「男らしい」行動を強いられるということもあります。

このような社会文化的性差のことを「ジェンダー」といい、生物学的性差「セックス」と区別をしています。これらは、「男らしさ」「女らしさ」のようにその時代の社会や文化を背景として規定されてきました。

また、性のあり方についても、自分自身が認識している自分の性と身体の性が一致しないことや、好きになる性が異性ではなく、男性同士、女性同士という同性愛、男性女性どちらも対象となる両性愛など、多様性をもっています。このような性のあり方についての理解を深め、社会で受け入れていこうとする動きが広まっています。

人は本来性別に関係なく、個人として認められるべき存在です。互いに尊重し合い、性別に関係なく社会や家庭において、その個性と能力を発揮できる社会をつくっていく必要があります。

1999年、「男女共同参画社会基本法」が施行されました。この中では、男女の人権の尊重、社会における制度・慣行についての配慮、政策等の立案及び決定への共同参画、家庭生活における活動と他の活動の両立、国際的協調が、男女共同参画社会をつくっていくための５本の柱（基本理念）として掲げられています。「ジェンダー」の枠にとらわれることなく、自分自身を生かして生きていくためにはどのような社会をつくっていけばよいのか考えてみましょう。

❷個性や適性に応じて活動ができる社会

女性は長い間、職場においてさまざまな差別を受けてきました。性別による分業、つまり「男の仕事」「女の仕事」といった分類はその最たるものです。どんなに意欲と能力が高くても女性に開放されていない職業がありました。また、女性の能力は正当な評価を得られずにいました。本来は性別によってではなく、個人の能力や適性などによって評価されるべきものであるはずです。

働く女性が職場において性別によって差別されることなくその能力が発揮できるよう、また男女が共に育児や介護に家族としての役割を果たせるようにという趣旨で、男女雇用機会均等法が制定されています。この法律によって、雇用に関するすべての場面で女性に対する差別が禁止され、さらに従来少なかった営業職や技術職、管理職への配置などの見直しも図られています。

また、セクシャルハラスメント（職場における性的な言動によるいやがらせ）防止に関する事業主の配慮義務が新たに規定されました。

❸職業と家庭生活の両立
～ワークライフバランスの実現

これまで、家庭生活の中で重要な要素である出産、育児、介護といったものの多くが女性の負担となり、女性の社会進出を阻むものになっていました。出産を含め、母性保護の必要があると同時に、育児、介護など家庭生活における責任については、女性ばかりでなく男性も共に担っていくべきもので

す。男性の中にも育児休暇や介護休暇をとる人が出てきているとはいうものの、まだまだ一般的とはいえない現状があるのも事実です。

性別にかかわりなく、職業と家庭生活を両立させ、さらには地域社会におけるかかわりや貢献、趣味の充実や自己啓発など、その個性と能力を発揮でき、それが正当に評価される社会にしていくためにはどうしたらよいか考えてみましょう。

 ワークシート

❶次の資料は、各分野における女性の参画状況を表したものです。

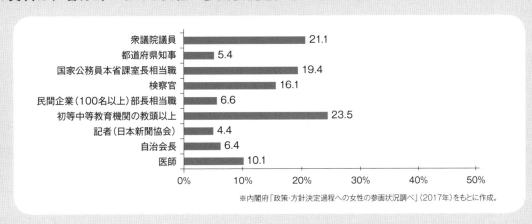

※内閣府「政策・方針決定過程への女性の参画状況調べ」(2017年)をもとに作成。

①この資料からどんなことが読み取れますか。

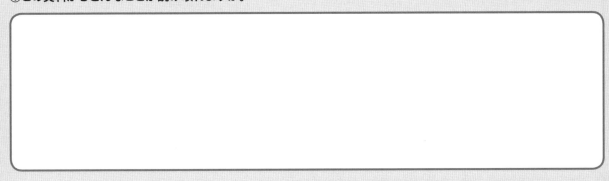

②この資料から読み取れる課題を解決するためには、なにが必要だと考えますか。

❷妊娠、出産しても働き続ける女性が増えていますが、労働基準法には母性保護という見地から、さまざまな規定が設けられています。具体的にはどんな規定があるのかを調べてみましょう。

❸子どもを養育する労働者のために、一定期間休業できるなどの規定を定めた育児休業法が制定されています。育児休業を取得できるのは誰なのか。また、具体的にどのような規定があるのかを調べてみましょう。

❹もしも家族の誰かの介護が必要な状態になった場合、どうしますか。超高齢社会において、介護を必要とする家族をもつ労働者のために、介護休業法が定められました。介護休業を取得できるのは誰なのか。また、具体的にどのような規定があるのかを調べてみましょう。

❺職業と家庭生活を両立させるために、なにが障害になるのか、また、それを乗り越えるために、どのようなことが必要なのかをグループで話し合ってみましょう。

❻次のグラフは、家事に費やす時間と、その内容に関する割合の結果を男女別にグラフで示したものです。

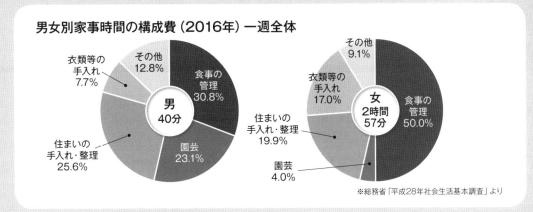

男女別家事時間の構成費（2016年）一週全体

男 40分
- その他 12.8%
- 衣類等の手入れ 7.7%
- 食事の管理 30.8%
- 園芸 23.1%
- 住まいの手入れ・整理 25.6%

女 2時間57分
- その他 9.1%
- 衣類等の手入れ 17.0%
- 食事の管理 50.0%
- 住まいの手入れ・整理 19.9%
- 園芸 4.0%

※総務省「平成28年社会生活基本調査」より

①この資料からどんなことが読み取れますか。

②この資料から読み取れる課題を解決するためには、なにが必要だと考えますか。

こんな本を読んでみよう。

- シェリル・サンドバーグ著『LEAN IN 女性、仕事、リーダーへの意欲』日本経済新聞出版社、2013年
- 上野千鶴子「平成31年度 東京大学学部入学式祝辞」 (https://www.u-tokyo.ac.jp/ja/about/president/b_message31_03.html)
- 星野慎二ほか『LGBTQを知っていますか?』少年写真新聞社、2015年

G 学習の自己評価 ✿ ✿ ✿

1) ジェンダーと働き方に関する課題についての理解が深まりましたか。	1	2	3	4	5
2) 望ましい社会のあり方について考えることができましたか。	1	2	3	4	5
3) 主体的に取り組めましたか。	1	2	3	4	5

感想

検印

労働環境は、どう変化した？

わが国の産業社会の変化について、考えてみよう。

今日の労働環境の課題について、考えてみよう。

これからの労働環境はどうなっていくのか、考えてみよう。

❶産業社会の変化

　私たちは生きていくために、食べたり、服を着たり、住む場所もなければ困ります。食べ物を手に入れるためにはお金を払って得ています。ではお金を得るにはどうするか。大多数の人は仕事をして働いて（労働して）お金を得ています。働き方や働く環境について考えることはとても大切です。

　ではどんな企業や産業があり、今後どんなものが現れるのでしょう？

　産業の分類は第1次産業（農林、水産業、牧畜業など）、第2次産業（製造業、鉱業、建設業など）、第3次産業（運輸業、商業、サービス業など）とされます。小中の社会科でも学びましたね。では、それぞれの産業が発展してきた背景にはなにがあるのでしょう？　その一つには産業革命があります。こ

の産業革命も第1次（蒸気機関による動力）、第2次（電気モーターによる動力の革新）第3次（ICとプログラムによる自動化）、そして第4次産業革命はIoT（Internet of Things）や人工知能（AI）のディープラーニングやビッグデータの解析やクラウドの活用などによりコンピュータが自律化・相互協調化し、インターネットを通じてあらゆる機器が結びつく段階とされています。現在は第4次産業革命の最中といえます。

　なお第5次産業革命のイメージは**図1**のようにバイオテクノロジーとAIのディープラーニングなどが融合したものかもしれません。また2030年には、現在日本の労働人口の約49％が就いている職業は、AIやロボット等に置き換わることが可能であるというレポートもあります（2015年野村総研＆オックスフォード大学）。

図1

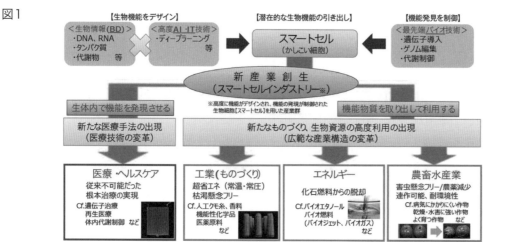

※「バイオテクノロジーが生み出す新たな潮流 ～スマートセルインダストリーの実現に向けて～ 平成29年2月経済産業省 生物化学産業課」より。

3章　社会の中で生きること

❷日本の経済と労働環境の変化

わが国は、第二次世界大戦の敗戦により大きな経済的打撃を受けましたが、戦後は経済復興に努め、1960年代から1973年の第1次石油危機までは高度経済成長期となりました。第1次石油危機で経済的に大きな打撃を受けましたがその後1985年までの経済安定期を経て、世界有数の経済発展国になりました。（日本がGNPランクで世界2位になったのは1968年、GDPランクで中国に抜かれ世界3位になったのが2010年）

1980年代末、わが国の経済は未曾有の好況期を迎えましたが、この好景気の中で、土地や株式に対する投機熱が高まり、その資産価格は暴騰しました。この熱狂的な投機ブームを伴った好景気をバブル経済とよびますが、投機によって過剰に押し上げられた資産価格はやがては暴落し、1990年代に入り、バブル経済は崩壊したのです。

1980年代まで日本型雇用（終身雇用制、年功序列の賃金など）が定着していましたが、1991年のバブル経済崩壊後、景気が悪化し日本型雇用の見直しが企業で行われるようになりました。具体的には終身雇用制の見直し、人員整理、新規採用の抑制、成果主義型賃金体制を導入する企業も増え、生産コスト削減のため人件費の安い海外の国に工場が移転されるようになります。国内では非正規雇用労働者も増えていきます。（日本の雇用形態は正規雇用（正社員）と非正規雇用労働者に分かれます。非正規雇用労働者は ①パート・アルバイト ②派遣労働者 ③契約社員、嘱託の三つに分かれます。）

2000年代に入ると、労働者派遣法が改正され派遣可能な業務や期間が拡大されていきました。このような時代背景の中、政府は2007年、仕事と生活の調和（ライフ・ワーク・バランス）憲章や推進のための行動指針を策定しました。この影響もあり2010年代になると働き方に応じた適切な待遇が重視されはじめます。「どうすれば働きやすい環境になるか」といわれ始め、2018年働き方改革関連法が成立しました。この法律は、長時間労働の是正・正規雇用と非正規雇用の不合理な処遇差の解消・多様な働き方の実現が三つの柱となっています。また待機児童問題などで働きたいのに働けないという現状が浮き彫りにされました。

❸これからの労働環境の課題

課題としては「少子高齢化に伴う生産年齢人口の減少」により働き手の確保が必要ということが、まず挙げられます。働き手を確保するには、働くことと「育児」や「介護」との両立ができる環境を整えることが重要です。出生率を上げて未来の働き手を増やすということも大切です。しかし、これも「出産」「育児」や仕事への復帰のサポートなどの課題があります。また生産性を「向上」させることで、働き手が少なくなることを補うことも可能でしょう。そのためには、技術革新が必要でしょう。

ほかにも、働き手を海外から集めることも方策の一つです。そのためには、外国人労働者が安心して働ける環境を整えることが課題です（外国人労働者の受入拡大は2019年4月より開始）。

そのほかの課題としては、現在、労働者は非正規雇用労働者が増加しているので、正規雇用と非正規雇用労働者との賃金や待遇の不合理な格差をなくして公平にする必要があります。また、長時間労働や過労死の問題も解決していかねばなりません。

人は生きていくためには働かなければなりません。その環境が少しでもよくなるように、自分なりにしっかり考えていくことはとても大切なことです。

〈参考〉リストラとは

企業もバブル期の設備投資や過剰生産などが負担となって苦況に陥り、競ってリストラクチャリング（事業再構築）という合理化に努め、人員削減を行ったので、失業率も高くなりました。

〈参考〉労働基準法

第32条　使用者は、労働者に、休憩時間を除き1週間について40時間を超えて、労働させてはならない。
2　使用者は、1週間の各日については、労働者に、休憩時間を除き1日について8時間を超えて、労働させてはならない。

図2　産業別就業者数の推移（第1次～第3次産業、1951年～2018年平均）

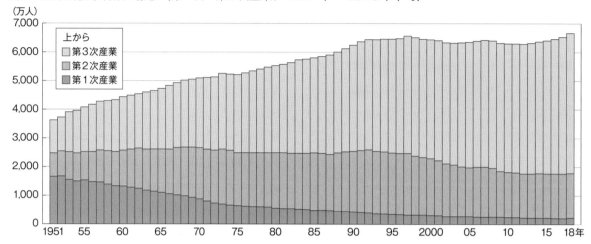

図3　「100人でみた日本」（雇用について）

雇用について

雇われているのは？ **45.3人**
自営しているのは？ **4.2人**

仕事についているのは？ **51.0人**

雇われているのは？　男性 **25.3人**　女性 **20.0人**

雇用形態は？　パート **7.8人**　アルバイト **3.3人**　派遣 **1.0人**　契約社員・嘱託 **3.2人**

フリーターは？ **1.2人**

失業者は？ **1.6人**

短時間で働いているのは？　週35時間未満 **15.6人**

長時間働いているのは？　週60時間以上 **4.1人**

雇用保険加入者は？ **32.1人**

雇用保険受給者は？ **0.3人**

会社の健康診断で「有所見」は？ **24.3人**

※厚生労働省ホームページ「平成29年版厚生労働白書」（100人でみた日本）より。

図4　外国人労働者を受け入れる業種

特定産業分野	受入れ見込数（向こう5年間）
介護	60,000人
ビルクリーニング	37,000人
素形材産業	21,500人
産業機械製造業	5,250人
電気・電子情報関連産業	4,700人
建設業	40,000人
造船・舶用業	13,000人
自動車整備業	7,000人
航空業	2,200人
宿泊業	22,000人
農業	36,500人
漁業	9,000人
飲食料品製造業	34,000人
外食業	53,000人

※法務省ホームページより

図5　雇用形態の推移

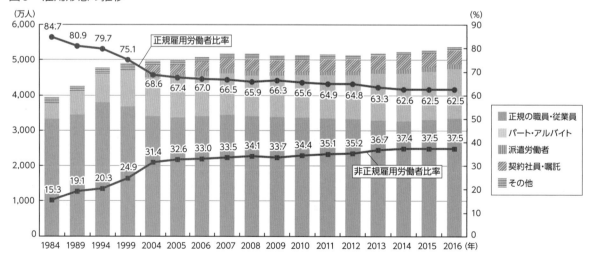

資料：1999年までは総務省統計局「労働力調査（特別調査）」（2月調査）長期時系列表9、2004年以降は総務省統計局「労働力調査（詳細集計）」（年平均）長期時系列表10
（注）：1. 2005年から2009年までの数値は、2010年国勢調査の確定人口に基づく推計人口の切替による遡及集計した数値（割合は除く）。
2. 2010年から2016年までの数値は、2015年国勢調査の確定人口に基づく推移人口（新基準）の切替による遡及集計した数値（割合は除く）。
3. 2011年の数値、割合は、被災3県の補完推移値を用いて計算した値（2015年国勢調査基準）。
4. 雇用掲載の区分は、勤め先での「呼称」によるもの。
5. 正規雇用労働者：勤め先での呼称が「正規の職員・従業員」であるもの。
6. 非正規雇用労働者：勤め先での呼称が「パート」「アルバイト」「労働者派遣事業所の派遣社員」「契約社員」「嘱託」「その他」である者。
7. 割合は、正規雇用労働者と非正規雇用労働者の合計に占める割合。
8. 1999年以前は「嘱託・その他」で集計した数値のため、「嘱託」を「その他」に含めている。

 ワークシート

❶終身雇用制・年功序列型賃金の良いところ・悪いところについて調べてみましょう。

❷契約制・成果主義賃金の良いところ・悪いところについて調べてみましょう。

❸非正規雇用労働者（派遣社員・アルバイト・パート）について調べてみましょう。

❹住んでいる都道府県の時給の最低賃金を調べてみましょう。

❺労働基準法では労働時間についてどのように規定しているか調べてみましょう。
　また、労働基準法は非正規雇用労働者にも適用されるか確認しましょう。

学習の自己評価 ✿ ✿ ✿

1）産業社会の変化と課題について考えることができましたか。	1	2	3	4	5
2）今日の労働環境の諸問題について考えることができましたか。	1	2	3	4	5
3）これからの労働環境について考えることができましたか。	1	2	3	4	5

感想

検印

3-10 これからの社会はどうなるの？

第3章で学んだ内容を振り返って整理しよう。
社会の中のさまざまな課題を「自分のこと」として身近に考えよう。
これからの社会の中で、自分がどのように生きていきたいかを考えよう。

❶これからの社会であなたはどう生きる？

　第3章ではこれからの社会で生きることについて、環境・情報・国際・福祉などさまざまな角度から学んできました。ここではそのまとめとして、これからの社会であなたがどのように生きていきたいかを考える場にしましょう。次の文章は、国連難民高等弁務官を務めた緒方貞子さんが書いたものです。現代の社会を生きる日本人の一人として、どのように生きていきたいかを考え、仲間と話し合う時間をもちましょう。

---

① いまの日本は、国内外で様々な問題に直面し、閉塞感が深まっています。しかも、何が自分たちの本当の課題なのかを見極めることができていないように思われます。いま私たちがすべきことは、自分たちの立ち位置を現実に即して認識し、どこへ向かって進んでいくべきか、どのような社会の構築を目指すのかについてはっきりしたヴィジョンを持つことです。

② 戦後、日本は敗戦国としてアメリカの占領下に置かれ、西側の一員として冷戦構造に組み込まれました。そのため、自分たちの置かれた位置も、目指すべき方向性も極めて明確で、自ら模索し、合意形成を試みる必要が必ずしもありませんでした。目指したものは、戦災からの復興であり、戦争体験に裏打ちされた平和であり、国民生活を豊かにする経済成長でした。政治家も官僚も企業も、そして一般国民も、その目標に向かってがむしゃらに進み、いつしか、世界有数の「経済大国」といわれるまでになりました。もちろん環境も幸いしたのでしょうが、一定の成功を収めたのです。

③ しかし、戦後日本の成功体験は、日本社会全体にある種の惰性と思考停止をもたらしました。このため、近年、日本経済が壁にぶつかり、グローバル化が急速に進むなかで、政治家も官僚も企業も、状況変化に対応することができず、進むべき方向を見出せず、前へ進むことができなくなっています。一方、アジアの周辺諸国は急速に経済力をつけ、国際的な存在感を増してきました。そのこと自体は歓迎すべきですが、日本は、周辺諸国との相対的な経済関係の変化を受け止めないまま、政治力や経済力の衰退とともに、自信も喪失してしまったかのように見えます。

④ そういうなかで東日本大震災が起きました。「3・11」は日本のすべてを揺さぶったといえます。想像を超える規模の巨大地震と原発事故は、それに対応する政治力や組織力、技術力を日本が十分に備えていないことを世界に曝け出すことになったのです。

⑤ このままでは、日本は国際社会の中で今の位置に留まることすらできません。日本はまず足元を固めることから始めなくてはなりません。そのために何が必要か。逆説的に聞こえるかもしれませんが、世界は多様性に基づく場所だということを真に受けとめ、自らも多様性を備えた社会にしていくことだと思います。

⑥ 日本は、世界は多様な文化や価値観、社会から成り立っていることを十分認識していなかったのではないか。国際的な場で長年働いてきた私は、ここ10年近く携わってきた国際協力の現場でそう思うことが少なくありませんでした。これまで日本は世界中の発展途上国やその人々を経済的、技術的に支援してきました。それは日本ならではの貢献として世界各国から感謝されてきましたし、現在も国際社会においてそれなりに重要な役割を果たしています。しかし支援を計画し、実施するにあたって、自分たちとは異なる存在への好奇心や尊敬・畏敬の念を十分備えていないのではないか。支援する相手の国や人々との相違を尊重し、そこから学ぶ機会を自ら閉ざしてきたように思われました。日本を取り巻く環境が目まぐるしく変化し続けるなかで、日本社会が自信を取り戻し、再び前進するためには、世界の多様な文化や価値観、政治や社会に目を開き、そこから多くを学びとるとともに、国内でも多様性を涵養していくことが必要です。そのことが、日本に活力を与え、閉塞感を打開することにつながるのです。そこにこそ、これからの日本の進むべき道はあるのです。

※緒方貞子「開かれた多様性に基づく社会へ」岩波書店編集部『これからどうする―未来のつくり方』岩波書店、2013年

 ワークシート

❶ ①段落で緒方さんの考える「いま私たちがすべきこと」はなんでしょうか?

❷ なぜその問題が起きているのだと思いますか? ②・③段落から探してみよう。

❸ ②・③段落の「戦後日本の成功体験」や「周辺諸国との相対的な経済関係の変化」について、あなたの知っていることを書き出してみよう。

❹ ④段落の東日本大震災によって「世界に曝け出すことになった」日本の課題にはどんなことがあると思いますか。あなたの知っていることを書き出してみよう。

❺ ⑥段落で緒方さんが提案している「日本の進むべき道」とはどのようなことですか? また、具体的にはどんなことをしていけばいいと思いますか?

❻ まとめ　ワークシート❶〜❺ができたところで、「日本の進むべき道」や「いま私たちがすべきこと」などに対するあなたの考えをクラスの仲間と共有しましょう。
グループの中で、それぞれが感じた問題意識を発表し合ってください。

❷激動する21世紀を生き抜くために

前項では、21世紀の日本社会を見つめながら、あなたがどう生きていくべきか考えました。価値観が多様化し、グローバル化が急速に進む現代の社会で生き抜くために、高校時代にどんな力を身につけていけばいいか、次の文章を読みながら考えてみましょう。

筆者の山元さんは2004年にアップル・ジャパンの代表取締役社長に就任し、iPod（注：ポータブル・メディア・プレーヤー）ビジネスの立ち上げからiPhone（注：スマートフォン）を市場に送り出すまでかかわりました。山元さんからのメッセージを読みとろう。

私が若者から受ける相談で多いのが、何をしたらいいのかわからない、何に情熱を注げばいいのかわからないというものです。

非常に壮大な悩みですが、誰もがこの問いを持ち続けなければなりません。

できれば若いころ、20歳前までに真剣に考え始めた方がいいでしょう。未来はこの「問い」に対する答えによってつくられるからです。

もちろん、ある程度の年齢を重ねてしまっていても遅くはありません。人生が続く限り、己が何に最大の情熱を捧げるかは、人生の意味を考えることでもあるのです。

人にはそれぞれのモチベーションがあります。

お金や会社の中での地位や名誉のために働く人もいれば、幸せな家庭を築くことを目的にしている人もいるでしょう。

しかし、もっとも大切なことは、自分で自分の目指すべき方向性を自覚しているということです。

みなさんは何をもって成功したと実感できるでしょうか。そこが明確でないと結局何をやっても虚しいだけです。周りの成功イメージを真似するだけの人生になってしまいます。

スティーブ・ジョブズ（注：米国アップル社の設立者のひとり）は、いつもこう言っていました。

「You should all know already（みんな知っている）」

実は誰もが、やりたいことや、やるべきことをすでに知っていると言うのです。

誰もが社長になる必要はありませんし、誰もが一番になれるわけではありません。けれど、誰もが何をしたいかは本当はわかっていて、できない言い訳をいつも用意しているだけなのです。

できるかできないかより、自分がもっとワクワクすることに情熱を注ぎ、自分が目指す方向性に近づける努力をすること。最大のポイントは「止まらない」ということです。

いいなあと思ったことがあれば、とにかくやってみることです。動いてみて、話を聞いてみて、行動に移す。それを続けていれば、必ず世界は変わります。自分の情熱のありかがわかってくるのです。

この世でもっとも強力な武器は「パッション（情熱）」です。

精神論に聞こえるかもしれませんが、これまで数々のグローバルリーダーを目にした結果、彼らの最大の武器は知識やテクニックなどではなく、やはりパッションでした。

結局、スティーブがそうだったように、どれだけの熱量を持って向き合えるかが勝負であり、それを持っている人こそ最強なのです。

ただ、情熱というのは形がないものなので、常に確認しなければいけません。自分に向き合い、自分がワクワクしているか、つまりワクワクすることに情熱を注ぎ、目指すべき方向に近づこうとしているのか、という「達成感」を確認するのです。

成功や幸せが人それぞれのように、目指すべき方向も人によって異なります。仕事の成功や評価で目標を「達成」できたとしても、それが必ずしも情熱になっているとは言えないでしょう。

大切なのは「達成感」です。本当に自分が情熱を傾けられることが何かに気づくということなのです。

人はまるで玉ねぎの皮のように、親や友達からのプレッシャー、自分自身のプライド、社会の常識などによって何層にも覆い尽くされています。人生を邁進するために必要なエネルギー源を引き出すには、これらの皮を一枚一枚剥いでいかなければなりません。

そのためには、社会の常識や世間体にとらわれず、少しでもワクワクしていない自分に気がついたら方向転換を図って、情熱が向けられるものを新たに探してみる。そんな「達成感」の確認作業を自分の中で、常に定期的に行っていく必要があるのです。

※山元賢治『「これからの世界」で働く君たちへ』ダイヤモンド社、2013年

ワークシート

❶山元さんはこれからの世界で働くためにもっとも大切なのはなんだと言ってますか？

❷そのためにはどうすればよいと言ってますか？　ポイントを探してみよう。

❸あなた自身は自分がワクワクすることを今見つけていますか？
　また、どのような時に達成感を感じていますか？

❻まとめ──二つの文章を読んで感じたこと、考えたこと、クラスの仲間と情報共有したことをまとめよう。

学習の自己評価 ✿ ✿ ✿

1）3章で学んだ内容を振り返って整理することはできましたか。		1　2　3　4　5
2）社会のさまざまな課題を「自分のこと」として身近に考えることはできましたか。		1　2　3　4　5
3）これからの社会の中で、自分がどのように生きていきたいかを考えることはできましたか。		1　2　3　4　5

感想	検印

3-11 豊かさとは、なんだろう？

生活のバランスとはなんだろう。
余暇や趣味の意義を考え、生活に潤いをもたせよう。
真の意味の「豊かさ」を考え、自分にとってなにが重要かを考えよう。

3章　社会の中で生きること

❶人生の要素

　アメリカの心理学者、サニー・ハンセン（L.Sanny Hansen）は、人生の要素として①Labor（仕事）②Love（愛）③Learning（学習）④Leisure（余暇）の四つのL（以下「4L」と言います）のバランスを重視し、「人生はこの4Lをパッチワークのように貼り合わせたもの」とたとえています。

　自分の将来を考えるとき、働くことはもっとも重要です。しかしそれだけではなく、家族や周りの人と信頼し合い、助け合うこと。「生涯学習社会」と言われるように、生涯にわたって学び続ける姿勢をもつこと。そして、余暇の充実。これらのことが調和することで、人生もより良いものになるといえます。この4Lがバランス良く整うことこそ、豊かな人生といえるのではないでしょうか。

　毎日の生活を振り返ってみましょう。現在の私たちの生活は、学校を中心にした時間がもっとも長くなっており、残りの大半は家庭で過ごしています。これらを4Lにたとえれば、前者は「Learning」ですが、高校生では「Labor」の要素も含まれます。後者は主に「Love」となります。しかし、それ以外にも私たちの生活そのものにゆとりを感じられることが重要となります。そのために、もう一つのLである「Leisure」が不可欠になります。余暇は一人一人の価値観や趣味と関係が強く、個人の生活の中にあるものです。余暇の充実があって、はじめて4Lが整うのではないでしょうか。

❷余暇とはなんだろう

　私たちの毎日の生活行動は、大きく分けて睡眠・食事・入浴・療養など、生きるために必要不可欠な「必需行動」、仕事・学校・通勤・通学・家事など、社会生活を維持向上させるために必要となる「拘束行動」、自由裁量による「自由行動」の3種類に分類できます。この自由行動の中心となるものが「余暇」です。特に近年は、マスメディア等との接触時間が増える傾向にあります。

　NHK文化放送研究所編「2015年度国民生活時間調査報告書」では、必需行動に伴う高校生の平日の平均時間は9時間32分、拘束行動に伴う時間が10時間54分。自由行動に伴う時間は4時間27分（126ページ参照）となっています。みなさんはこの結果をどう考えるでしょうか。ちなみに、土曜日の自由行動に伴う時間は7時間22分、日曜日は7時間33分（上掲報告書より）となっています。

　ただ「生きる」ためだけならば、必需行動と拘束行動だけで十分なはずです。しかし、運動をしたりスポーツ観戦をしたり、好きな音楽を聴いたり好きな本を読んだり、友達と談笑したり、趣味に没頭したり。このようなことがまったくない生活は、想像できるでしょうか。

　NHK文化放送研究所編『現代日本人の意識構造第8版』（NHK出版、2015年）では、1973年度から5年ごとに生活に関するさまざまな調査を行っています。その中で、仕事と余暇のあり方として「望

ましい」と回答した2013年の結果は、余暇志向が36.7%、仕事と余暇の両立が35.9%、仕事志向が25.0%となっており、余暇の重要性とともに仕事

とのバランスの必要性が示されています。

さらに同書では、現在の余暇の過ごし方と、将来の理想的な過ごし方についてもまとめています。

表　現在と将来の余暇の過ごし方

	好きなことをして楽しむ	からだを休めて、あすに備える	運動をして、体を鍛える	知識を身につけたり、心を豊かにする	友人や家族との結びつきを深める	世の中のためになる活動をする
現在の過ごし方	47.2%	17.8%	8.2%	8.3%	16.1%	1.3%
将来の過ごし方	40.6%	5.6%	8.4%	15.9%	19.9%	8.0%

すなわち、「仕事と余暇の両立」を重視し、「好きなことをして楽しむ」とともに、「友人や家族との結びつきを深める」ことや、「知識を身につける」ことが重要ととらえられています。これらは、ハンセンの主張する4Lそのものであり、4Lのバランスの重要性を表しています。

❸趣味をもとう

趣味をもっていますか。その趣味は一生もち続けられますか。余暇の過ごし方として現在も将来ももっとも多いのは、趣味を生かした「好きなことをして楽しむ」です。しかし、一生もち続けられる趣味はどれくらいの人にあるでしょうか。履歴書等の趣味の欄で一番多いのは「音楽鑑賞」などの、いわば「受動的」な趣味です。それに対し一生もち続けられる趣味は、それに打ち込み、さらに向上をめざすような「能動的」な趣味ではないでしょうか。

学問はもちろん、自分の趣味を追求するためにも「学ぶ」ことが必要になります。「学ぶ」とは、みずからの意志で行う能動的な行為です。特に、余暇の過ごし方として「知識を身につけたり、心を豊かにする」が将来の理想として多くなっていることは、生涯学習社会を象徴していることになります。

余暇を充実させるうえでもっとも重要なことは、生涯にわたってそれに打ち込むことができる、能動的な趣味をもつことではないでしょうか。その趣味に打ち込むことは、生涯学習社会において、さらに自分自身を高めることにもつながります。

❹豊かさの意味を考えよう

豊かさには、物質的な豊かさとともに、精神的な豊かさがあります。内閣府「国民生活に関する世論調査」の2018年度の結果では、「今後の生活において、物の豊かさか心の豊かさかに関して、あなたの考え方に近いのはどちらでしょうか」という設問に対して「心の豊かさ」が61.4%、「物の豊かさ」が30.2%と、心の豊かさを求める人は物の豊かさを求める人の2倍以上になっています。

現代社会は、さまざまな技術の進歩によって便利になり、物質的に豊かになったのは確かです。その中で、内閣府による「平成30年度青少年のインターネット利用環境実態調査」では、2018年度に高校生の1日の「インターネット利用状況」は、平均3時間37分となっています。もちろん学習や必要な情報を得るために使用することもあります。しかし、この中には「ネット依存症」といわれるような状況もあるのではないでしょうか。これでは真の豊かさとは言えません。

「人生100年時代」と言われています。長い人生をよりよいものにするためには、人生の「セカンドステージ」の充実が求められます。そのセカンドステージでは、より以上に「心の豊かさ」が重要となります。そのためにも、今からハンセンが主張する4Lのバランスをしっかりと意識し、毎日の生活の充実を図りましょう。その上で、真の意味の「豊かさ」について考えてみましょう。

ワークシート

❶自分自身の平日の生活行動の分類に伴う生活時間を計算し、全国平均と比べてみましょう。

表　高校生の平日の平均生活時間

| | 必需行動 | | | 拘束行動 | | | 自由行動 |
	睡眠時間	食事時間	入浴等	授業・部活	通学時間	家事等	余暇時間
あなたは							
全国平均	7時間00分	1時間23分	1時間09分	9時間18分	1時間26分	10分	4時間27分

※全国平均はNHK文化放送研究所編「2015年度国民生活時間調査報告書」による高校生の平均時間である。

❷あなたの1週間の余暇時間を計算してみましょう。
　また、先週の日曜日になにをしていたか、書き出してみましょう。

●1週間の余暇時間の合計は	●先週の日曜日は
時間　　　　　分	

❷あなたの身近な社会人の方（お父さん・お母さん・お兄さん・お姉さん等）に余暇の過ごし方を
　聞き、あなたが良いと思う点や悪いと思う点を見つけてみましょう。

さん（聞いた人の名前）の 　　余暇時間の過ごし方	

〈良いと思う点〉

〈悪いと思う点〉

❹あなたが一生もち続けることができる趣味はなんでしょうか。

```


```

❺あなた自身が30歳になったときを想像して、どのような生活をしていたいと思いますか。

```


```

❻あなたにとって、豊かな生活とは、どのようなことだと考えますか。

```


```

こんな本を
読んで
みよう。

・NHK文化放送研究所編『現代日本人の意識構造 第8版』
NHK出版、2015年

・小林正観『豊かな心で豊かな暮らし』廣済堂文庫、2015年

学習の自己評価 ✿ ✿ ✿

1) 四つのLのバランスについて理解できましたか。	1 2 3 4 5
2) 余暇を上手に活用する意識が深まりましたか。	1 2 3 4 5
3) 真の意味の「豊かさ」が理解できましたか。	1 2 3 4 5

| 感想 | 検印 |
| | |

資料5 話し合い・発表の方法

話し合いの方法

　話し合いの方法は話し合う内容・話し合いの場などにより、以下のようなさまざまな形式をとることができます。一番適切な形を選択し、十分な意見交換を目指しましょう。

●ペアで（対話）
　1対1で時間を区切って対話します。聴き手は話し手の話に積極的に耳を傾け、話し手の意見や体験などを聞き出すようにします。時間が来たら相手を変えて行うこともあります。

●グループで（座談会）
　数人でいくつかのグループをつくり、それぞれ意見を述べます。順番を決める形と自由に発言する形があります。ひととおり意見交換が済んだ際は代表者がグループの意見を集約し、発表します。

●全員で
　全員で輪になって話し合いをします。マイクとなるものを用意し、それを持っている人だけが発言できます。発言が済んだら、自由に（あるいは隣に）マイクを渡します。

●意見発表者と全員で（パネルディスカッション）
　司会者と数人の代表発言者（パネリスト）があるテーマについて議論する方法です。通常、発言する時間を限って行います。

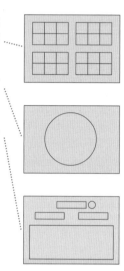

【進行手順】
①司会者がテーマを説明する。
②パネリストが、それぞれの立場から意見やデータを発表する。
③司会者がパネリストの意見をまとめ、共通点、相違点を確認する。
④意見の異なる点についてパネリストが議論する。
⑤司会者が会場からの質問を受け付ける。
⑥パネリストが意見をまとめ、短く発表する。

話し合う力を高めるトレーニング法

●二つのチームで論題に基づいて（ディベート）
　一つの論題に対して、2チームが肯定する立場と否定する立場に分かれて、客観的な資料に基づき、自分の優位性を示していく競技です。ディベートを通して合意形成のための手順を身につけることができます。

肯定側　否定側
判定者

【進行手順】
①2～4名の二つの組（チーム）に分かれる。
②論題を肯定する立場と否定する立場を決める。
③肯定、否定それぞれの立場から立論を述べる。
　　ア　肯定側　　　イ　否定側
　（作戦タイム）
④相手の立論の不備な点を突き、尋問する。
　　ア　否定側から肯定側へ　　　イ　肯定側から否定側へ
　（作戦タイム）
⑤立論や尋問を受け、あくまでも自分たちの主張が正しいことを主張する。
　　ア　肯定側　　　イ　否定側
⑥判定

発表の仕方

●プレゼンテーション
　発表する際には次の点に注意して行うと効果的です。
　①声の大きさ　②話す速さ　③メリハリのある話し方　④視線の配り方
　パソコンのプレゼンテーションソフト、ビデオ、写真などを活用して、視覚に訴える工夫も有効でしょう。

●ポスターセッション
　発表会場の壁に、研究・調査してきたことをまとめて大きな紙に書いて貼り、その紙を見ながら説明するというものです。発表グループがいくつかあるときには、出店形式で　それぞれポスターを掲示し、発表します。聞き手は巡回し、説明を聞きます。

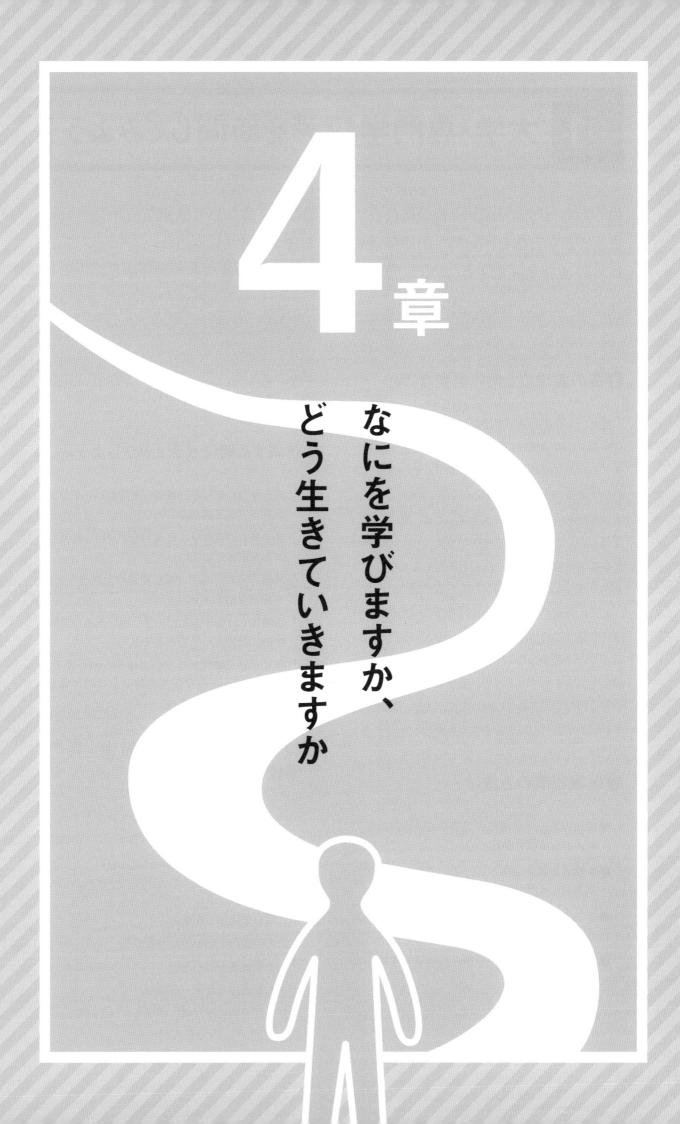

4章

なにを学びますか、どう生きていきますか

大学・専門学校等を訪問してみよう

目的をもった進路選択・自分に合った学校選びをするための準備をしよう。
さまざまな方法を用いて、適切な情報収集ができるようになろう。
自分の進路を実現するために、高校生活でなにを努力すべきか考えよう。

❶夢の実現のために必要なこと

近年、高校生の進学率は非常に高まり、多くの高校生が大学や専門学校等へ進学して、社会人として働くための専門的な知識や技術を学んでいます。さらに、海外の大学へ進学することを目指す人もいます。しかし、目標のないままなんとなく進学してしまうと、「こんなはずじゃなかった」「自分のやりたいことと違うみたい」などと後悔することも少なくありません。

そんな後悔をしないために、今から「こういう仕事（職業）に就きたいから大学・短大・専門学校ではこんな勉強をしたい」という目標をできるだけ明確にもちましょう。そして、進学するためには高校でどんな努力が必要なのか、実際に大学・専門学校を訪問して自分の目と耳で確かめましょう。

❷情報収集の方法は？

- ●担任の先生や部活動の先輩など、校内の身近な人から情報を得る
- ●学校の進路指導室へ行って、卒業生の進学先や大学・専門学校のデータを調べる
- ●インターネットで興味のある学校のホームページにアクセスする
- ●オープンキャンパスや学校説明会・学園祭などに参加する

など、いろいろな方法があります。情報は与えられるものではなく、「自分から動いて調べるもの」なのだということを意識しよう！

❸訪問する前に（チェックしよう）

- ☐ あらかじめ知りたい情報（質問事項）をリストアップしておこう。
- ☐ 学校までの道のり（交通手段や費用、時刻など）を調べておこう。
- ☐ 準備しておくもの（筆記用具やカメラなど）や服装を整えよう。
- ☐ 訪問先では恥ずかしがらず、勇気をもって積極的に質問する気持ちをもとう。
- ☐ 与えられる時間とチャンスは限られるので、学校に戻ったらクラスの仲間と情報共有するつもりで出かけよう。

❹職業分野と、大学・短大・専門学校で学べること

あなたの興味関心のある職業分野・仕事のタイプや学問分野は次の表のどれになりますか？　訪問する前に、ホームページや進路相談室の資料などで調べておこう。

- ☐ この分野に感じた魅力
- ☐ この学校のよいと思ったところ
- ☐ どんな資格がとれるか、サポートがあるか
- ☐ 主な就職先とサポート体制
- ☐ 気になる施設や設備、興味をもった制度

表1　職業ジャンルと仕事のタイプ

職業ジャンル	仕事のタイプ	具体的な職業例
公務員・法律・政治系	資格や実務経験を活かした専門的な仕事	警察官・消防官・行政書士・政治家
ビジネス系	経営やお金にかかわる仕事	税理士・起業家・マーケットリサーチャー
語学・国際系	語学力を活かして国際舞台で活躍	外国語講師・外資系企業スタッフ
旅行・観光・ホテル・エアライン系	旅行が好きで人とのコミュニケーションが好き	ツアープランナー・キャビンアテンダント
ホテル・ブライダル系	結婚式を演出したりホテルで働く	ホテルスタッフ・ブライダルプランナー
マスコミ・芸能・声優系	個人のセンスや実力が試される	アナウンサー・声優・音響スタッフ・ライター
音楽・イベント系	自らの創造力と可能性が試される	音楽教師・PAミキサー・コンサートスタッフ
デザイン・写真・芸術・工芸系	モノづくりの楽しさが味わえる	アニメーター・カメラマン・美術スタッフ・小説家
ファッション・きもの系	企画・制作と、販売促進に携わる	ファッションアドバイザー・パタンナー・和裁士
コンピュータ・ゲーム系	日々進化する分野で今後専門化していく予想	プログラマー・CGアニメーター・システムエンジニア
自動車・航空技術系	確かな技術を身につけ幅広い分野で活躍	整備士・ディーラースタッフ・航空管制官
機械・電気・電子系	最先端の技術を駆使しコンピュータを使いこなす	サービスエンジニア・電気工事士・航海士
建築・土木・インテリア系	人が安心して暮らせる住環境をつくる	建築士・測量士・インテリアプランナー
動物・植物・フラワー系	花や動物を通じて、癒しを与える	トリマー・アロマテラピスト・フラワーデザイナー
環境・バイオ系	地球環境へ貢献。研究機関やメーカーなど	環境アセスメントスタッフ・気象予報士
理容・美容・メイク系	技術とセンスを活かして「美」を追求	美容師・パヒューマー・ビューティアドバイザー
保育・教育系	高いコミュニケーション能力が求められる	保育士・児童指導員・塾講師・教員
福祉系	高齢社会を支え、多くの人とふれあえる	介護福祉士・ケアマネージャー・ホームヘルパー
健康・スポーツ系	年齢やコンディションに合わせてアドバイス・サポート	整体師・スポーツトレーナー・スポーツ審判員
医療・看護・医療事務系	日々進化する医療に対応できる確かな技術	看護師・臨床検査技師・医療事務
調理・栄養・製菓系	暮らしに欠かせない「食」のスペシャリスト	調理師・管理栄養士・パティシエ

表2　学問ジャンルと関連する学部・学科

学問ジャンル	具体的な学部・学科名
法学・社会・福祉系	法学／政治学／社会学／福祉学／観光学
経済・商学系	経済学／経営学／商学／経営工学
芸術・創作系	音楽／美術／建築学／デザイン学
文化・文学系	文学／言語学／歴史学／考古学／文化人類学／宗教学
国際・語学系	国際関係学／外国語学
生活・家政系	栄養・食物学／服飾学／住居学／家政学／生活科学
体育・医療系	体育学／スポーツ学／保健・衛生学／医・歯・薬学／看護学／鍼灸・柔道整復学
人間・総合科学系	哲学／心理学／人間科学／総合科学／コミュニケーション学
教育・教員養成系	教育学／保育・児童学
地球・環境系	地球科学／地学／資源・エネルギー・材料工学／環境学／宇宙科学
生物・農学系	生物学／農学／農芸化学／生物・農業工学／農業経済学／林産学／畜産学／水産学／獣医学
理学・数学系	物理学／数学／化学／応用化学／応用理学
機械・工学系	機械工学／システム工学／宇宙工学／画像・音響工学／航空・船舶工学／自動車工学／医用工学
建築・土木系	建築工学／土木工学／環境工学
電気・電子系	電気工学／電子工学
情報・通信系	情報工学／通信工学

（参考：JSコーポレーション『JS進路の手引き』）

ワークシート

学 校 訪 問 レ ポ ー ト　　　月　　　日（　　）記録

（1）訪問した学校名：

（2）学科・コース名：

（3）所在地：

（4）最寄り駅・交通手段：

（5）お話を伺った方の名前と所属：

（6）アドミッション・ポリシー：

（7）学校の特徴

　　　■施設・設備：

　　　■実習制度：

　　　■資格取得：

　　　■留学制度：

　　　■インターンシップ：

　　　■キャリア（就職）支援：

　　　■サークル活動など：

（8）どんな勉強ができる？

（9）卒業生の就職状況

　　　■就職率：

　　　■主な就職先：

　　　■進学率（卒業率）：

　　　■主な進学先：

（10）入試制度

　　　■AO・自己推薦入試：

　　　■公募推薦・資格推薦：

　　　■一般入試：

(11) 必要な費用

■受験料：

■初年度納入金：

■卒業までに必要な金額：

■寄付金・施設費等：

■奨学制度・特待制度など：

(12) 学校・在校生の印象

(13) 興味・魅力をもった点

(14) 疑問を感じた点・質問した内容

(15) 学校訪問によって新たに学んだこと

(16) 感想・他の学校を訪問した人の報告など

↻ 学習の自己評価 🌸 🌸 🌸

1) 目的をもった進路選択・自分に合った学校選びをするための準備ができたと思いますか？	1	2	3	4	5
2) さまざまな方法を用いて、適切な情報収集ができましたか？	1	2	3	4	5
3) 自分の進路を実現するために、高校生活でなにを努力すべきか考えられましたか？	1	2	3	4	5

感想

検印

⁴-2 先輩と語ろう

先輩が体験した進路選択の苦労を追体験して、自分の進みたい道を考えよう。
いろいろな人との出会いをきっかけにして、自分のネットワークをつくろう。
自分の進路を実現するために、高校生活でなにを努力すべきか具体的に考えよう。

❶先輩の話から得られること

　みなさんが学んでいる高校を卒業して大学・専門学校へ進学したり、社会に出て働いている先輩と話をしてみましょう。先輩方は、みなさんがこれから体験する進路選択の苦労をすでに一度体験していますから、きっとよいアドバイスをしてくれるでしょう。そして、クラスの仲間と情報を共有し、「このことはあの先輩に聞けばよい」というネットワークを作って、自分の進路選択に役立てよう。

　それでは、自分が目指している大学・専門学校や、自分が学びたい学問・専門分野を学んでいる先輩を探すにはどうしたらよいでしょう？

●校内の身近な人に相談してみる（担任の先生・部活動の先輩など）

●進路指導室の先生や、卒業生を送り出した担任の先生に聞いてみる

●上級生や卒業生が参加する校内の行事に積極的に参加する

など、いろいろな方法があります。電話やEメールを活用するのも有効な手段でしょう。

❷話を聞くときの、ここがポイント！

（1）自分に時間を割いてくれる相手に対して、感謝する気持ちをもとう

　人との出会いは「一期一会」ともいいます。話を聞くチャンスを与えてくれた人や時間は「もう二度と来ない」と思って大切にしよう。

（2）「自分に関係ない話」というものはない

　「目指す方向が違うから」とか「自分にはこんな生き方は合わない」などと考えるのは間違いです。「先輩の置かれた立場がもし自分だったら、自分はどんな選択しただろう？」というように、常に自分の身に引き寄せて考える訓練をすることが大切です。他者の苦労を追体験し、想像する力や共感する力を養うことは、あなたの人生を豊かにします。

（3）必ずメモを取りながら話をしよう

　話を聞いているときは、「なるほど！」「そういう考え方もあるな」と思ったことでも、時間が経つと忘れてしまうこともよくあります。必ずメモをとりながら話を聞く習慣をつけよう。また、質問したいなと思ったことも忘れずメモしよう。

❸先輩からのメッセージ

　以下は、みなさんと同じように「産業社会と人間」を学び、総合学科を卒業した先輩からインタビューした文章です。これを参考に、あなたも先輩の話をワークシートにまとめてみよう。

就職した I.T.さん (2018年度卒・山梨県のワイン製造会社へ就職)

　私は自らのワイナリーを設立するために今の仕事に就きました。元々酒造関係の仕事に就きたいという考えはあったのですが、高校卒業後の進路を「就職」にすることや自分の酒造会社を設立することまでは考えていませんでした。今のように考え始めたきっかけは二つあります。

　一つは、産業社会と人間のライフプランです。ライフプランを作成することは高校卒業後の進路を具体的に考えることにつながりました。私は1年次のときは、卒業後は大学に進学すると漠然と考えていました。しかし、ライフプランを作成していくうちに、私がやりたいことと大学で学ぶこととの差異を感じました。そして、自分の目指す進路に就くためには、高校卒業後すぐに就職するという方法もあると知りました。

　二つ目のきっかけは卒業研究です。卒業研究の中でワイナリー関係の方々や、ブドウ農家の方々と出会い、その方達に就職の具体的な方法や、就職することのメリット、デメリットを教えていただきました。以上のことから私は就職を選択しました。

　就職するということは、大学に行ってる人達よりも4年早く現場について知ることができます。職種や会社によっては、大学を卒業していないことが不利になることもありますが、逆に何倍もの利益になることもあります。みなさんも自らの将来とそれを成し遂げる方法についてよく考えて進路を選択してください。

進学した E.S.さん (2017年度卒・4年制大へ進学)

　高校入学当時、私は心理学部への進学を考えていたが、現在は大学で生物資源を学んでいる。最初のきっかけは、高校1年のときに「産業社会と人間」でライフプランを描いたことである。将来の人生設計を立てるのだが、自分自身のことなのに上手く書けない自分がいた。そこから自分探しの旅を始めた。長期休業中や放課後に開講される授業に参加したり、異なる専門知識をもつ先生方に相談したり、職業体験や特別講師の先生のお話を聞いたり、JICA等のセミナーに参加したり。興味のあることはすべて試してみた。その中でも国際フィールドワークに2年間参加し、関連した卒業研究を行ったことが、自分の視野を広げる分岐点になったように感じる。高校3年間を通じて幅広い分野の学問に触れ、数多くの経験を積んだことで、自分の本当にやりたいことが見つかり、その目標を達成するために最適だった場所が現在の進学先だった。ただそれだけのことである。

　高校生のみなさんは、高校生活のチャンスを自ら行動することでつかみ、自分の目標のために教師や環境を最大限利用してもらいたい。その中で、「貴方の本当にやりたいことに最適な進路はなにか」を探索しながら、人生の3年間しかない貴重な高校生活を楽しんでもらいたい。

 ワークシート

先 輩 と 語 ろ う

　　　　月　　日（　　）記録

(1) 話をうかがった先輩の氏名：＿＿＿＿＿＿＿＿＿　さん

(2) 現在は：＿＿＿＿＿＿＿＿＿＿＿＿＿＿＿＿＿　に　在 学　・　在 勤

(3) 卒業後の進路を考え始めたきっかけと時期

(4) 進路について誰にどんな相談をした？

(5) 進路を選択する基準となったものさし（価値観）はなに？

(6) 高校時代、特になにを努力した？

　　■部活動：

　　■ボランティア：

　　■生徒会・委員会活動：

　　■その他校外での活動：

(7) 進路を決めるためにどんな努力をした？

　　■資格取得：

　　■課題研究：

　　■普段の授業：

　　■小論文：

　　■受験準備：

(8) 進路に関する情報収集の方法は？

　　☐ 先生に相談　　☐ 先輩に話を聞く　　☐ インターネット

　　☐ 情報誌を活用　　☐ 新聞やニュース　　☐ オープンキャンパス参加

　　☐ その他（　　　　　　　　　　　　　　　　　　　　　　　　）

(9) 選択した進路に満足している点

(10) 選択した進路に後悔した（予想と違った）点

(11) 大切にしていること、興味を持っていること

(12) 自分の持ち味（アピールするポイント）

(13) 今、どんなことに力を入れていますか？

(14) 今後の夢や目標はなんですか？

(15) 感想・クラスの仲間から聞いた情報など

6 学習の自己評価 ✿ ✿ ✿

1) 先輩が体験した進路選択の苦労を追体験して、自分の進みたい道を考えることができましたか。	1	2	3	4	5
2) いろいろな人との出会いをきっかけにして、自分のネットワークを広げることができましたか。	1	2	3	4	5
3) 進路実現のために、高校生活でなにを努力すべきか具体的に考えられましたか。	1	2	3	4	5

感想

検印

4-3 ○○さんの履修計画

高校の時間割の仕組みを知ろう。
履修計画の立て方を理解しよう。
モデルケースになるような○○さんの履修計画を作成しよう。

❶高校の時間割について

みんなが同じレールの上に乗って勉強してきた中学校とは違って、高校では、それぞれが自分のレールを敷いて歩んでいくという形をとっています。そのために、みなさんが考える将来の進路に応じた学習ができるよう多くの選択科目を準備しています。その選択科目の中から、自分の夢の実現に必要な科目を選び、時間割を作っていくこととなります。ですから、できた時間割には、あなたの「○○がしたい」そのために「△△という科目をとった」という意思がないといけません。

そのために、この「産業社会と人間」という科目で、

自分を見つめ、生きていくこと働くこと、社会の中で生きること

について考えてきました。その学習の成果が時間割に現れてくることとなるのです。みなさんの先輩はただ流されて時間割を作ったのではありません。将来への一歩を踏み出すための時間割を作っているのです。

高校の時間割は、自分の夢を実現するために、自分が敷いたレールだと思ってください。ここでは、その方法を勉強していきます。

❷科目を選択するということは

今、多くの高校で、科目選択がたくさんできるようになっています。もっともたくさんできるのが総合学科ですが、専門学科や普通科においてもその時間が多くなってきています。みなさんの学校ではどうですか?

科目の選択がたくさんできる学校で学ぶことは、夢の実現に向けて、無駄なく一歩でも近づくことができるということになります。でも、そのためには、自分の夢を、目標をしっかりと決めておく必要があります。目的のない科目の選択は、なにも身につかないということになりかねません。せっかくのシステムを自分のために生かさないのはもったいないです。

科目を自分で選べば、自然とやる気が出てくると思います。自分の将来に向けて、興味・関心のある科目を学習するわけですから、きっと楽しいはずです。また、自分で選んだという責任でしっかりとした取り組みもできるでしょう。

科目を選択するシステムは、みなさんの個性を伸ばし、夢の実現を図っていくシステムであり、高校生活を充実させるものなのです。

❸高校で学ぶ科目は

高校で学ぶ科目は、必修科目、原則履修科目、選択科目の三つに分けられています。これらは次のようなものです。

①必修科目………すべての高校生が学ぶ科目

②原則履修科目…学科の基礎となる知識・技術などを身につけるため、その学科の生徒が原則として学ぶ科目

③選択科目………自分の興味・関心、目的や適性に応じて選択できる科目
※この科目とは別に、HR活動、総合的な学習の時間（総合学習）が設けられています。

これらが組み合わされて時間割が作られています。あなたの学校では、どのようになっていますか。チェックしてみてください。

❹○○さんの履修計画

高校の時間割の仕組みは理解できたでしょうか。科目選択ができるシステムを最大限に生かし、高校生活を充実させ、夢を実現させましょう。

ここでは、これまでの学習のまとめとして履修計画の立て方を学ぶとともに、進路希望に応じた履修計画の立て方を考えてみたいと思います。

これからは、どこの学校を卒業したかという学歴ではなく、なにを学びなにを身につけたかという学習歴が問われる時代です。企業も即戦力を求める時代になりました。ですから、なにをなんのために学ぶのかということをはっきりさせる必要があります。

履修計画を立てる際には、進路先（大学・企業など）が求めるものはなにかを知っておく必要があります。それをまとめておきますので、参考にしながら履修計画を立ててみてください。その条件をもとに○○さんの履修計画として、今後の参考になるものを作ってみましょう。（グループ単位で作成、発表してみましょう。）

進学先（大学など）の求めるもの	
文　系	国語、地歴・公民、英語などの基礎学力と専攻分野に関する知識、ただし、経済系については数学の学力も必要
理　系	数学、理科などの基礎学力と専攻分野に関する知識、特に、理科に関しては専攻分野と関連のある科目を履修しておくことが必要。英語の学力は理系文系を問わず必要

専門的な教科・科目を主に学習し、特別推薦枠で進学する場合の履修条件の例	
農学・林学・工学・経済学部など	それぞれ関連する学科の卒業者、総合学科卒業者に対しては、関連する教科あるいは職業に関する科目の修得20〜30単位
教育学部（技術）	農業あるいは工業、職業に関する科目の修得20〜25単位
教育学部（家庭）	家庭に関する科目の修得12単位以上
医学部（看護）	看護・福祉に関する科目の修得10単位以上

（学校によって単位数の違いあり。進学先への問い合わせ必要。）

※現在、多くの学校で、多様な入試のシステムが準備されています。自分の進路実現にはどれが一番有利かをよく考え、それに合った履修計画を立てる必要があります。

☆就職先の求めるもの

職種に関係する専門的な知識・技術・資格など。基礎的な学力、一般常識も必要。

入試情報誌や進学・就職ガイドブックなどを参考に、できるだけ具体的に履修計画を考えてみましょう。

ワークシート

❶高校で科目を選択して時間割を作っていくことはどういう意味があるのでしょうか。
まとめておきましょう。

❷あなたの学校ではどのようになっていますか。時間数を書き入れてください。

	必修科目	原則履修科目	選択科目	総合学習	HR活動	合計
1年次						
2年次						
3年次						

❸コースや系列などの事例を参考にしながら、グループごとにモデルケースとなる履修計画を
立ててみましょう。

☆○○さん?…あなたのグループは、どのような人物を想定していますか。

[　　　　　　　　　]を目指している[　　　　　　　]さんの
履修計画

❹履修計画を立てる際に必要な情報をまとめておきましょう。

●履修科目表記入例●

	1	2	3	4	5	6	7	8	9	10	11	12	13	14	15	16	17	18	19	20	21	22	23	24	25	26	27	28	29	30	31	32	33	
1年次	現代の国語		言語文化		公共		地理総合		数学I			科学と人間生活		保健		体育			音楽I		コミュニケーションI		英語	家庭基礎		情報I		産業社会と人間		総合的な探究の時間		HR活動	野外活動	ボランティア	

記入上の注意　①上欄の数字は総単位数を表す　②「総合的な探究の時間」や「HR活動」は一番右に書く
③必履修科目と選択科目の境は太線を引く　④各学年30単位以上の場合は右の空欄を使う

4章　なにを学びますか、どう生きていきますか

❺○○さんの履修計画を作ろう。

●履修科目表●

	1	2	3	4	5	6	7	8	9	10	11	12	13	14	15	16	17	18	19	20	21	22	23	24	25	26	27	28	29	30		
1年次																																
2年次																																
3年次																																

（苦労した点や工夫した点をまとめておきましょう。）

❻ほかのグループの発表を聞いて、気づいたこと・参考になることをメモしておきましょう。

6　学習の自己評価 ✿ ✿ ✿

1）高校の時間割の仕組みがわかりましたか。	1　2　3　4　5
2）履修計画の立て方が理解できましたか。	1　2　3　4　5
3）協力して○○さんの履修計画を作成できましたか。	1　2　3　4　5

感想

検印

4-4 自分だけの時間割を作ろう

夢を実現するために高校での学習計画を立てよう。
高校の授業科目や卒業の条件、単位の認定等のシステムを知ろう。
あなただけの時間割を作ろう。

❶時間割を作るということは

　これからの高校生活において、充実した学習活動ができるように、自分のための時間割をあなた自身で作ってみましょう。

「○○さんの履修計画」から

　前節で「○○さんの履修計画」を考えました。進路希望に応じて、時間割づくりのいろいろな例が考えられました。あなたの将来のめざす姿をもう一度考えて、自分がどの「○○さん」に該当するか考えましょう。しかし、まったく同じ計画を立てるのではなく、本当に自分に必要な授業を選択することが必要です。

時間割づくりの手順

　時間割を作ることは、翌年度の学習計画を考えることに違いありません。しかし、翌年度の学習計画もあなたの将来のための第一歩になります。したがって、あなたの将来の夢をもう一度考えることから始めましょう。時間割作りは主に次の手順になります。

①将来の生活や希望する職業を考える。家族や先生ともよく相談する。

②その職業に就くためには、高等学校を卒業してどのような進路（大学、短期大学、専門学校、就職等）に進めばよいか考える。

③進路希望を実現させるために必要な選択科目を決める。その際、授業の内容はもちろん、卒業の条件や単位認定等、高校のシステム等についてよく理解する。

④その他、自分の興味ある分野や勉強したい科目も考える。

　家族や先生、友達に相談をしてアドバイスをいただくことは必要です。しかし、最終的に決定するのはあなた自身です。自分を大切にして、自分だけの時間割を作りましょう。

❷あなたの将来の夢を、もう一度考えてみよう

　「産業社会と人間」の授業では、いろいろなことを体験し、さまざまなことを学び、常に自分自身で考えてきました。それは、すべてあなた自身を知り、社会を知り、あなた自身の将来の夢をもつためだったはずです。もう一度その学習の跡をたどり、あなたの将来の夢とそのための進路を書いてみましょう。

```
・あなたの夢と進路・



```

❸あなたの高校にはどんな科目があるかな？

あなたの学校の授業科目を知ろう

　各学校には、必履修科目や選択科目等の授業科目や単位数を表にした「教育課程表」があります。もう一度その表をよく見てみましょう。また、各科目の学習内容や年間の授業計画、評価方法や選択のための条件等を記した「シラバス（履修ガイド）」が用意されています。シラバスを十分に活用して、自分の進路の実現のために必要な科目を調べましょう。

科目を選択できる条件を知ろう

　各選択科目には、選択するための条件がある場合もあります。履修のための条件を満たしていなければ、いくら必要な科目であっても、その科目を選択することはできません。1年次で受けている授業科目、2年次の授業科目、3年次の授業科目と、計画的に選択することが必要です。細かい条件を見落とさないようにしましょう。

卒業に必要な条件を知ろう

　卒業するためには、所定の単位数を修得することが必要となり、その単位数は各高等学校によって決められています。

　全員が必ず学ぶ「必履修科目」のほかに、選択科目には系列で指定されている「総合選択科目」と、系列には属さない「自由選択科目」があります。

　また時間割にある科目だけではなく、長期休業中に実施される科目や、資格取得や大学・専門学校等における学修（学習とは違います）、ボランティア活動等の実績も単位として認定（これらを「学校外における学修の単位認定」とよびます）している高等学校もあります。ただし、これらは学修の成果に対する制度であり、単に「単位認定のため」と考えてはいけません。あくまでもあなた自身にとって必要なことが優先されなければなりません。

　これらの科目の単位を修得し、その他の条件が満たされることによって、卒業が認定されます。

ワンポイント

●履修とは？

　授業に出席してその科目を学習したことを示します。科目の選択は、履修宣言をしたことになります。しかし、欠課時数が多い場合には、その科目を学習したと認められず、履修が認定されません。また、必ず履修しなければならない「必履修科目」があります。必履修科目は、1科目でも履修が認定されなければ、卒業はできないことになります。

●修得とは？

　学習の目標の到達度合によって、学年の評定が5段階（5、4、3、2、1）でつきます。このうち、2以上の評定の場合がその科目の目標に到達したことを示し、「単位」が認定され、その科目の単位を「修得」したことになります。

●単位とは？

　各科目の授業時間数を表す表現で、50分の授業を1年間受けることを1単位としています。科目を修得したことは、その科目に定められた単位を認定されたことになります。卒業するためには、所定の単位数以上の修得が認定されなければなりません。

❹あなただけのための時間割

　いよいよ科目を選択して、時間割を作ります。それは、まさしく「オンリーワン」であり、あなただけのための時間割となります。でも、時間割作りは大変難しい作業です。この作業に取り組むことで、自由に科目を選択するということが実に大変なことだと実感できるのではないでしょうか。好き勝手な選択では、自分の夢の実現にはほど遠い時間割になってしまいます。

　いろいろな人に相談をし、いろいろ悩んで作る時間割です。なにを目指して時間割を作るのかは、常に忘れないようにしてください。そして、この時間割を利用して、思い切り勉強して、将来の夢を実現させてください。

ワークシート

❶例を参考に、あなたの履修科目表を作ってみましょう。

記入上の注意
①上欄の数字は総単位数を表す　②「総合的な探究の時間」や「HR活動」は一番右に書く
③必履修科目と選択科目の境は太線を引く　④各学年30単位以上の場合は右の空欄を使う

●履修科目表記入例●

	1	2	3	4	5	6	7	8	9	10	11	12	13	14	15	16	17	18	19	20	21	22	23	24	25	26	27	28	29	30	31	32	33
1年次	現代の国語		言語文化		公共		地理総合		数学I		化学と人間生活			保健	体育			音楽I		英語コミュニケーションI			家庭基礎		情報I		産業社会と人間		総合的な探究の時間	HR活動	野外活動	ボランティア	
2年次	歴史総合		生物基礎		保健		体育		論理国語			数学II		英語コミュニケーションII				ビジネス情報		保健基礎		情報産業と社会			社会福祉基礎		地域文化		総合的な探究の時間	HR活動	英検2級	簿記2級	就業体験
3年次	体育		日本史探究		論理・表現I		理数探究基礎		生物活用		プログラミング技術		マーケティング		生活と福祉		人体の構造と機能		生活支援技術		地域文化		課題研究		市民情報		産業技術		総合的な探究の時間	HR活動			

❷あなたの時間割は、どのようなことを目指して作りましたか。あなたの時間割の特徴を書いてみましょう。

（記入欄）

↻ 学習の自己評価 🌸🌸🌸

1）将来の進路が明確になりましたか。		1　2　3　4　5
2）夢を実現するための履修計画を工夫しましたか。		1　2　3　4　5
3）オンリーワンと言える自分だけの時間割が作れましたか。		1　2　3　4　5

感想	検印

4章　なにを学びますか、どう生きていきますか

● 私 の 履 修 科 目 表 ●

	1	2	3	4	5	6	7	8	9	10	11	12	13	14	15	16	17	18	19	20	21	22	23	24	25	26	27	28	29	30				
1 年次																																		
2 年次																																		
3 年次																																		

4-5 私のライフ・プラン

自分の大切なものや得意なことを整理して、「生き方をデザイン」してみよう。
将来の夢や希望を実現するために、高校生活での目標を具体的に決めよう。
自分の意見や考えをわかりやすくまとめ、他者に伝える練習をしよう。

❶夢の実現のために、自分の「生き方をデザイン」する

これまでの学習を通して、みなさんは高校生活で進むべき方向が少しずつはっきりしてきたと思います。ここでは「産業社会と人間」の授業のまとめとして「ライフ・プラン」を考えましょう。

「将来のことなんて、今はまだわからないよ！」と思うかもしれませんが、自分の生き方を真剣に考え「デザインする」ことは、この先のあなたの人生を豊かにする上でとても大切なステップです。なぜなら、若いときから目標を明確にもっている人間ほど、その目標を実現する可能性は高いからです。

そして、ライフ・プランが完成したら、それを他者に伝えてみよう。自分の夢や希望を人に話すことは照れくさいことかもしれません。でも、口に出してみることによって、行動する勇気が生まれるのです。聞いてくれた周囲の人も、きっとあなたに適切なアドバイスや励ましをしてくれることでしょう。

❷まずは心の準備を

人生は（　　　　　　　　　　　　　　）
　　　　　　　のようなものだ。
なぜなら、
（

　　　　　　　　　　　　）だから。

あなたはこの二つの（　　）にどんな言葉を入れますか？　いろいろな言葉が当てはまると思いますが、「人生」という長い道のりを歩いていく自分の姿が思い浮かべられれば、どんな言葉でもかまいません。その道のりの途中には必ずいくつかの「岐路（分かれ道）」にさしかかるときが来るはずです。そのとき、あなたはどちらかの道を選びます。今までだって、いくつかの岐路でどちらかの道を選んできていることでしょう。（例えば、高校を選択することだって、一つの岐路だったはずです。）迷わずに選んだところもあれば、成り行きにまかせたところもあるはずです。

そして、あなたはこの先も何度かこのような「人生の岐路」を経験します。そのとき、どちらの道を選択するのか、それをどうやって決めるのか、これから考えてみましょう。

❸あなたの大切なもの・好きなもの・得意なこと

心の準備ができたところで、あなたがどのような方向に歩いていきたいのか、まずはあなた自身に問いかけてみてみましょう。

 ワークシート

❶あなたが大切にしているものはなんですか？ 思いつくままリストアップしてみよう。

❷次の中で、あなたが大切だと思う順に番号をつけてみよう。
　自分はなぜそれが大切なのか、その理由についても考えてみよう。あなたの価値観が見えてきます。

- ☐ 自分が幸せを感じる
- ☐ 円満な家庭を築く
- ☐ のんびりと気楽に暮らす
- ☐ 自分の趣味を生かす暮らしをする
- ☐ 周囲から認められる
- ☐ たくさんの友達をもつ
- ☐ 社会のために役立つ生き方をする
- ☐ お金持ちになる
- ☐ 高い社会的地位につく

> なぜそれが大切なのか、理由を書いてみよう

　どのような目標をもって自分の人生を生きていくか、価値観の多様化する現代では、その目標も人それぞれです。家族や友人など、周囲の人々の考えも聞いてみると、さまざまな考え方やものの見方を知る機会になるでしょう。

❸あなたが好きなもの・好きなことはなんですか？ リストアップしてみよう。

❹あなたが得意なことはどんなことですか？ 思いつくままリストアップしてみよう。

❺あなたの得意なことは次のどれに近いですか？ あなたの能力や適性が見えてきます。
　また、クラスの仲間や親しい友人は、あなたの得意分野をどのように見ていますか？
　意見を聞いてみましょう。自分と異なる見方や考え方を知るチャンスかもしれません。

① リーダーシップを発揮して周りの人をまとめる
② チャレンジすることや他者を説得して影響を与える
③ ものごとを分析したり抽象的なことを理解する
④ 数学や理科の問題を解いたり調べたりする
⑤ きちんと整理されたファイルやレポートの作成
⑥ 順序よく物事を進めていったり情報収集する
⑦ オリジナリティのあるアイデアを生み出す
⑧ 絵画やデザイン、音楽やダンスなどの創造的活動
⑨ 「ひと」や「アイディア」より、「もの」を扱う
⑩ 実用的で使いやすいものを生み出す
⑪ 人を助けたり、理解したり、人に教える
⑫ 社会活動や問題解決など人に働きかける

> あなたの得意なこと

①・②を選んだ人…企業的タイプ（営業や販売促進の仕事）
③・④を選んだ人…研究的タイプ（科学者・研究者向き）
⑤・⑥を選んだ人…慣習的タイプ（経理・コンピュータなど正確にこなす仕事）
⑦・⑧を選んだ人…芸術的タイプ（作品をクリエイトする才能に恵まれる）
⑨・⑩を選んだ人…現実的タイプ（機械や動物に接する仕事、技術者など）
⑪・⑫を選んだ人…社会的タイプ（看護師や美容師など他人とのコミュニケーションをとる仕事）

❻あなたが仕事を選ぶうえで重視するポイントを三つ選んでみましょう。

☐自分のやりたいことができる　　☐給料が高い
☐職場の雰囲気がよい　　　　　　☐自分の個性や能力が活かせる
☐長期間安定して働ける　　　　　☐休暇が多く取れる
☐人や社会の役に立つ　　　　　　☐資格を活かせる
☐その他 [　　　　　　　　　　　　　　　　　　　　　　　　　　　　　　　　　　　　]

※参考「君とみらいとライフプラン」（公益財団法人　生命保険文化センター）

働くことには「やりがい」を感じること、つまり「自己実現」ということも重要です。あなたがどんなことに「やりがい」を感じるか、なにを大切に考えるのか、さまざまな立場の人に意見を聞きながら考えてみましょう。

●あなたが将来就きたい職業とその理由

●その職業に就くために必要なこと

●10年後の自分はなにをしている？

どうでしたか？　あなたの大切なもの・好きなもの・得意なことを書き出すことはできましたか？ 自己理解が進んだところで、あなたの歩んでいきたい道のりを描いてみましょう。次の「設計図」に思いつくキーワードを書き込み、それをもとにして、1200〜1600字の作文を書きましょう。タイトルは、各自の夢や希望のわかるものを考え、他者にあなたの考えが伝わるように、序論・本論・結論を意識して構成を考えましょう。

「設計図」私のライフ・プラン

月　　日（　）記録

【タイトル】

【序論】高校進学にあたって考えた将来のこと
  (1) 相談した人：
  (2) 高校生活のスタートで抱いた希望や目標：

  (3)「産業社会と人間」の授業を通して学んだこと・考えたこと：

【本論】今、思い描いている将来の夢・高校卒業後の進路：

  (1) その進路を考えたきっかけは？：

  (2) 自分の人生の中で大切にしたいことはなに？：

  (3) 自分の好きなものや興味のあることはなに？：

  (4) 自分の得意なこと、自分能力を活かせる分野はなんだと思う？：

【結論】これからの高校生活で努力する点
  (1) 伸ばしていきたいところ（長所）・直していきたいところ（短所）：

  (2) 私の決意（自分の生き方）
    具体的な目標は ＿＿＿＿＿＿＿＿＿＿＿＿＿＿ です！

6 学習の自己評価 ✿✿✿

1) 自分の大切なものや得意なことを整理して、「生き方をデザインする」ことを意識できましたか。	1　2　3　4　5
2) 将来の夢や希望を実現するために、高校生活での目標を具体的に決めることができましたか。	1　2　3　4　5
3) 自分の意見や考えをわかりやすくまとめ、他者に伝えることはできましたか。	1　2　3　4　5

感想

検印

4-6 プランド・ハップンスタンスって、なに？

予期せぬ出来事が起きたときにそれをどう受けとめるかを考えてみよう。
想定外の出来事に対する行動で、人生が変化することを理解しよう。
より満足な人生を送るために、自分がどう行動したらよいか考えてみよう。

❶予期せぬ出来事を どう受けとめるか

　これからみなさんは、人生の目標に向かって、自分の立てたライフ・プランを実現していくことでしょう。しかしながら、人生には予期せぬことが起きたり、自分の思ったとおりの結果が得られないこともあるかもしれません。そんなとき、どうやってそれを乗り越えていったらよいのか、さらにそれをどう活かしていったらよいのかを考えてみましょう。

　ジョンのケースを読んで、次の質問について考えてみましょう。

テニスに夢中で退学の危機　心理学教授のコーチの助言から学者の道へ

（ジョンのケース）

　私はアメリカ中西部の小さな町で育ちました。近所に住んでいた幼なじみのアランとは特に仲良しでした。私たちは同じ幼稚園に通い、毎日一緒に遊んでいたのですが、ある日アランは転校してしまい、連絡が途絶えてしまいました。

　ところが数年後、私が自転車で近所を探検していると、偶然にも自宅の庭でひとりで遊んでいたアランに出くわしました。私たちは、再び遊び仲間となり、いろいろなスポーツを一緒に楽しみながら育ちました。私たちのお気に入りはアランの家の地下室でする卓球でした。12歳になった頃、卓球は卒業してテニスをするようになりました。アランのお姉さんが誕生日にもらった新しいテニスラケットを借りて始めたのですが、私たちは独学でテニスを覚え、それぞれの高校のテニスチームで代表選手になるほどの腕前になりました。時々対抗戦で対戦することもありました。

　私は大学でもテニスチームに入りました。ある日、コーチのウォーラー先生と5人の選手とで遠征試合に行くことになりました。土曜の早朝、1台の車で大学を出発し、試合をこなし、夕食にステーキを食べ、楽しい時間を過ごしました。たちまち私はコーチのウォーラー先生と親しくなり、テニスざんまいの日々を送るようになりました。

　大学2年の終わりが近づき、私は教養課程から専攻分野を決めなければいけない時期となりました。大学から専攻分野を申請するための書類が届いたのですが、私は何を選んだらいいかわからず、そのままにしておきました。1カ月後、また専攻分野を決めるようにという通知がきたのですが、心にひっかかったものの、今度もそのままにして

しまいました。どうやって専攻を決めればいいのか、テニスに夢中だった私にはわからなかったのです。そしてついに3度目の通知書には、5月26日午後5時までに専攻を申請しないと退学処分に処する、とありました。「うーむ、こりゃまずい」。私はうなりました。でもどうしたらいいかわからない、だれに相談したらいいかもわからない。途方にくれてしまいました。相談できる身近な先生といえば、テニスのウォーラー先生しか思いつきませんでした。本当にぎりぎりの5月26日午後4時にウォーラー先生のアポをもらって、会いに行ったのです。

　これも偶然ですが、ウォーラー先生はテニスのコーチであると同時に、心理学の教授でもありました。地方の小さな大学では専任のテニスコーチを雇う余裕はなかったからです。ウォーラー先生に会いに行き、単刀直入に自分の窮状を訴えました。「先生、あと1時間で専攻を決めないと退学になってしまうんです!」。先生の答えはいとも簡単でした。「それは心理学しかないでしょう」。私は先生の部屋を飛び出しながら叫びました。「わかりました。ありがとうございます!」

　大学の事務室に向かって走り、なんと締め切りの時間の5時に30分もの余裕をもって、「心理学」と書きこんだ申請書を提出することができました。これが私の心理学の道の第一歩だったのです。この一連の想定外の出来事がうまくつながり、私は限りなく幸運だったと思っています。心理学の道に偶然足を踏み入れ、心理学者になった私ですが、今ではこれが自分にとって最高のキャリアだと確信しています。

（J.D. クランボルツ、A.S. レヴィン『その幸運は偶然ではないんです!』ダイヤモンド社より）

ワークシート

❶次のようなことが起きていたら、ジョンのキャリアはどう変化していたか考えてみましょう。

①ジョンが自転車で近所を探検しているときにアランがいなかったら
②アランの姉が誕生日にもらったのが、ゴルフクラブだったら
③ジョンが大学でテニスの遠征試合に参加しなかったら
④テニスのコーチが経済学の教授だったら

❷ジョンが実際にとった行動が次のようなものだったら、ジョンのキャリアはどう変化していたか考えてみましょう。

    ①ジョンが自転車で探検にでかけていなかったら
    ②ジョンがやり方を知らないのを理由に卓球をしなかったら
    ③ジョンがテニスを熱心に練習しなかったら
    ④大学に入り、忙しいことを理由にテニスをやめていたら
    ⑤大学の専攻を決めるために、誰にも相談できずそのままにしてしまったら
    ⑥心理学を専攻したものの、真剣に取り組まなかったら

❸ 実際にジョンがとった行動は、自分自身のキャリア形成にどんな役割を果たしていたと思いますか。

❹これまでの自分の人生を振り返ってみて、

①もっとも影響を受けた想定外の出来事はなんですか。

②そのとき、あなたはどういう行動をとりましたか。

③そのことが、今のあなたにどのようにつながっていますか。

❷人生を前向きに生きる

　将来の夢や希望を明確にして、それを実現するために取り組むことはもちろん大切なことです。しかし一方で、予期せぬことが起こり、とまどうことや、失望することもあるかもしれません。それをどう受けとめて、むしろそのことを活かしていくことができるかどうかで、その人の人生は大きく変わってしまうのではないかと考えられます。想定外の出来事に柔軟に対応すること、さらにはそれを引き寄せるような行動を心がけることで、より質の高い、満足のいく人生を送ることができるのではないでしょうか。

 ワークシート

次の文章を読んで、考えてみましょう。

> スタンフォード大学のクランボルツ教授らが発表した「プランド・ハップンスタンス (Planned Happenstance)」理論では、次のように述べられています。
>
> 【１】個人のキャリアは、予期しない偶然の出来事によってその8割が形成される
>
> 【２】その偶然の出来事を、当人の主体性や努力によって最大限に活用し、キャリアを歩む力に発展させることができる
>
> 【３】偶然の出来事をただ待つのではなく、それを意図的に生み出すように積極的に行動したり、自分の周りに起きていることに心を研ぎ澄ませることで自らのキャリアを創造する機会を増やすことができる

① 「偶然の出来事をただ待つのではなく、それを意図的に生み出すように積極的に行動したり、自分の周りに起きていることに心を研ぎ澄ませる」ためにする具体的な行動にはどんなものがあるか考えてみましょう。（グループで話し合ってみましょう。）

Ｇ 学習の自己評価 ✿✿✿

1) 予期せぬ出来事をどう受けとめるかについて考えることができましたか。	1	2	3	4	5
2) 予期せぬ出来事に対する行動によって人生が変化することについて、理解が深まりましたか。	1	2	3	4	5
3) より満足な人生を送るために、自分がどう行動したらよいか考えることができましたか。	1	2	3	4	5

感想

検印

4-7 「産業社会と人間」発表会

「産業社会と人間」の授業を振り返り、なにを学んだのか考えてみよう。
「産業社会と人間」で学んだこと、考えたことをクラスやグループでまとめ、
発表しよう。
発表では、聞き手に自分たちの言いたいことがよく伝わるように工夫しよう。

❶「産業社会と人間」を振り返ろう

　高校に入学して初めて出会った「産業社会と人間」という科目を通して、自分を見つめ、働くことや職業について学び、科目選択をし、将来の自分のあり方、生き方を思い描くことができましたか。

　学習にはいろいろな形があります。何度も問題を解くことで原理原則を理解する学習、世の中の出来事を客観的な視点から広く見つめ、人がよりよく生活できるためのシステムを知る学習、他の国の言葉や文化を学習しそれを通して異文化に対する理解を深める学習、みなさんはそういった学習を高校に入る前も、入ってからも行ってきました。さて、それらの学習と「産業社会と人間」の学習とはなにが大きく違っていたのでしょうか。

　「産業社会と人間」の学習でみなさんに課せられた多くの課題は、基本的に答えがないか、あるいは一人一人で答えが異なるものです。例えば、さまざまな体験学習の中で感じること考えることは人それぞれ違っています。自分自身を見つめることは、自分のことをしっかり見つめれば見つめるほど、答えがあいまいになり、なにが自分なのかわからなくなることだってあるでしょう。履修計画は自分の将来の目標にあわせて作られますから、一人ずつ違った時間割ができたはずです。

　私たちはともすれば、テストの点数で学習の成果を測ってしまうことに慣れてはいないでしょうか。

点数が示されないと自分が学習してきた成果を見極めることができなくなってはいないでしょうか。「産業社会と人間」では与えられた課題に対してなにを感じることができたか、そして将来の自分に対して今の自分が負う責任を理解し、今、なにをしなければならないのか考えることができたかが評価されます。

　いよいよ「産業社会と人間」の授業も終わりに近づいてきました。この授業をもう一度振り返り、その中でみなさんがなにを学び、なにを感じ、なにを考えたかについてまとめ、発表してみましょう。発表をすることによって授業の中ではあいまいだったことや、よく考えていなかったことも自分の中ではっきりしてきます。改めて自分の考えを見つめ直す機会にもなります。また、他の人の意見を聴くことで自分との考え方の違いを知り、新しい視点をもつきっかけにもなります。

　発表に際しては、聞き手の立場に立って、自分たちの言いたいことがよく伝わるようにプレゼンテーションの工夫をしましょう。

 ワークシート

❶授業の中で印象に残っている項目（授業の内容）を三つあげてみましょう。また、それぞれの項目についてノートを読み返してどのようなところが印象に残ったのか、そこで自分はなにを考えたか書き出してみましょう。

〈項目名〉

〈項目名〉

〈項目名〉

❷自分なりに「産業社会と人間」の振り返りができましたか？　次にグループまたはクラスでお互いにまとめたものを発表し意見を共有しましょう。他の人の意見を書き留めておきましょう。

❷発表会の準備をしよう

「発表の主題」を考えよう

　主題というのは発表を通して「自分たちがなにを言いたいのか」ということです。主題をはっきりさせておかないと、まとまりのない発表になり聞いている人にも自分たちの言いたいことが伝わりません。

　例えば次のようなものです。

> 　自分にあった進路・職業を選択していくためには、自分がどういう人間なのか知ることが重要であり、また他人とのかかわり合いの中で生活しているということを自覚しその中の自分を見つめることが必要だと感じた。
> 　クラスの中で働くことの意味についてお互いに意見を出して考えたり、実際に働く人の話を聞いたり、姿を見ることで「仕事」ということを自分自身のこととしてとらえることができ始めた。
> 　一人一人が自分の将来の目標に向かってそれぞれ異なった時間割を作成した。これから将来自分がこうありたいという夢に近づくために努力していきたい。

具体的な発表の内容を決めよう

　主題が決まったら、具体的になにを発表するのか内容を決めましょう。主題が伝わるように内容を組み立てる必要があります。授業を振り返っての話し合いの中で、多くの人が印象に残った項目や、いろいろな意見や考え方が出ていた項目を中心に内容を構成してみましょう。

発表原稿を作成しよう

　構成した内容に沿って発表時に話すことを具体的に書いていきます。グループで話し合いながら考えてもいいですし、内容・項目ごとに分担を決めて書いてみるという方法でもいいでしょう。1分間の発表でおよそ300字が目安となります。

発表の方法を考えよう　提示資料を作ろう

　話をわかりやすくするためにさまざまな資料を聞き手に示しながら発表するのが一般的です。資料提示のやり方にはコンピュータとプロジェクター、プレゼンテーションソフトを使った方法、実物提示装置、ポスター、スライド写真を提示する方法などいろいろなものがあります。

　また、提示するための資料も作成しましょう。利用できる機器や道具、発表場所の環境に応じて自分たちの伝えたいことが聞き手によく伝わるよう工夫してみよう。

ストーリーボードを作ろう

　発表時の準備、機器操作などの役割分担、時間配分、発表者、資料の提示ポイントなどを記録した発表の流れ図です。発表を円滑にするために作っておくとよいでしょう。

　次のページにストーリーボードの例を示します。（このストーリーボードはクラスで意見をまとめたものを何人かの代表者が発表をするという形態のものです。）ストーリーボードは発表のスタイルや方法によりいろいろな形があります。自分たちの発表をスムーズに進行させるための台本でもあるのです。

リハーサルをしよう

　発表の前には必ずリハーサルを行います。声の大きさや話すスピード、資料提示用の機器を使う場合はその操作方法などを確認しておきましょう。

　決められた発表時間は必ず守りましょう。どんなによい発表でも、時間を守らなければ発表会全体の進行に影響を与え、悪い評価となってしまいます。リハーサルの際は、時間の確認も必ず行いましょう。

プレゼンテーション・ストーリーボード

1年 6組

時間	発表者	発表内容	提示資料	機器操作
発表前	全　員	発表準備　それぞれの役割の確認	ファイルの読み込み	機器操作の確認
60秒	斉　藤	はじめに（主な発表内容の説明）	スライド①②	コンピュータの操作 （荒木）
90秒	山　口	体験学習 　「菜園づくり」で感じた土の偉大さ	スライド③④ 収穫物披露（吉田）	コンピュータの操作 実物投影機の操作 （藤田）
240秒	田　口	交流会での出来事 　いろいろな立場の人たちと知り合えた 　（出し物180秒）	スライド⑤⑥⑦ 交流会での出し物披露 （1年3組）	コンピュータの操作 音楽（坂上）
120秒	渡　辺	職場体験 　働くことってなんだろう 　（職場実習のビデオ30秒）	スライド⑧⑨⑩ 実習の様子・ビデオ上映 （△△工業株式会社）	コンピュータの操作 ビデオ再生（深田）
120秒	松　尾 小　林	科目選択について 　自分だけの時間割を作った緊張感	スライド⑪⑫（松尾） スライド⑬⑭（小林）	コンピュータの操作

❸発表会に臨もう

　発表はもちろんですが、他の人たちの発表をしっかり聴くことも大切です。発表者が何を伝えたいのか常に考えながら発表を聴きましょう。また、発表会に参加して感じたことをまとめてみよう。

↻　学習の自己評価 ✿ ✿ ✿

1）「産業社会と人間」の学習を振り返ることができましたか。		1　2　3　4　5
2）発表会の準備にしっかりと取り組むことができましたか。		1　2　3　4　5
3）自分たちの意見が伝わるよう工夫して発表できましたか。		1　2　3　4　5

感想

検印

資料6 面接・ロールプレイングの仕方

なぜ、今、面接?

「面接」と聞くとあなたはなにを想像しますか? 高校入試の際、緊張して受け答えをしたことを思い出すかもしれませんね。これから先、面接に出会うことになるのは、3年生になって、就職・進学試験という次のハードルを越えるときになります。まだまだ先のこと、そんなものいいじゃないと思うかもしれませんが、どうせクリアしなければならないハードルなら、それを余裕で越えることができるよう、今からしっかり考え練習しておきましょう。そして、その成果を今の高校生活に生かしましょう。

ロールプレイの前に

●**面接試験のポイントをつかもう**……進路資料室の「面接試験」のVTRを視聴
●**今の自分をチェックしよう**……協調性、適応力、積極性、創造性、責任感、行動力(実行力)、自己啓発、
　　　　　　　　　　　　　　　　バイタリティー・忍耐力、指導力(リーダーシップ)、健康・体力、誠実さ、
　　　　　　　　　　　　　　　　明朗さ、一般常識、礼儀・マナーなど
●**オリジナル自己PRシートを作ろう**……氏名、出身校、部活動歴、好きな・苦手な教科・科目とその理由、
　　　　　　　　　　　　　　　　　　　趣味・特技・資格、これまでの一番の思い出(打ち込んだもの)、
　　　　　　　　　　　　　　　　　　　長所・短所(簡潔に)、志望動機、希望学部・職種(具体的な内容)
　　　　　　　　　　　　　　　　　　　とその理由、その他
●**基本的な質問に対して、答えを考えておこう**
●**模擬面接をしてみよう**……役割分担(面接官、生徒ABC)をして模擬面接をしてみよう。それぞれの質問
　　　　　　　　　　　　　に対して、3通り(良い・普通・問題のある)答えを準備しチェックしてみよう。

いよいよ、面接・ロールプレイング

　面接は、会話を通じてあなたが評価され、その結果が直接、合否につながる重要なものなのです。「なぜ、この会社・学校を選ぶのか」(志望動機・理由)をはっきりさせ、そのために高校生活で身につけなければならないことをしっかりとやっておかなければなりません。3年生では遅いのです。そういったことを考えながら、面接ロールプレイングをやってみましょう。

> **【面接・ロールプレイングの方法(4名グループの場合)】**
> ●**役割分担**:面接官3名、受験生1名(交代しながら進める)
> ●**進 め 方**:面接官のうち1人が質問し、受験生が答える。その答えに対して、突っ込んで質問をする。
> 　　　　　　態度や身だしなみ、言葉遣いなどについてもチェックする。
> ※早く終わったら、集団討議(グループディスカッション)をやってみよう。

進路実現に向けて

　面接ロールプレイングをやっていく過程で、いろいろなものが見えてきたと思います。それを高校生活にフィードバックして、本物の自分をつくってください。

4章 なにを学びますか、どう生きていきますか

編著者・執筆者一覧

編著者紹介

服部　次郎　　元東京女子体育大学教授・元筑波大学附属坂戸高等学校長

　1994（平成6）年度に全国初発校として総合学科改編を行った筑波大学附属坂戸高等学校の改革リーダーを務める。同校の「産業社会と人間」科目開発部会チーフとして、同科目開発の中心となる。1996年度より同校副校長。文部省主催「進路指導中央講座」などで「産業社会と人間」の講義と演習を担当。文部省初等中等教育局「総合学科の今後の在り方に関する調査研究協力者会議」委員。2002〜2005年度に筑波大学附属学校教育局教授となり同校校長。全国総合学科高等学校長協会副理事長・関東地区総合学科高等学校長協会会長。2006〜2013年度に東京女子体育大学教授。2011年度に文部科学省委託研究「総合学科の在り方に関する調査研究」をまとめた。

執筆者一覧

服部　次郎　編著者
（1-1　1-2　1-3）

久保田一志　栃木県立佐野高等学校 教諭
（1-4　1-5　2-5　3-5）

建元　喜寿　筑波大学附属坂戸高等学校 主幹教諭
（1-6　2-4　3-1　3-2）

青木　猛正　立教大学文学部学校・社会教育講座 特任准教授
（1-7　1-8　3-11　4-4）

竹内　義晴　埼玉県立浦和北高等学校 教頭
（1-9　3-6　3-7　3-9）

深澤　孝之　筑波大学附属坂戸高等学校 副校長
（2-1　2-7　3-4　4-7）

小田　清隆　愛媛大学社会共創学部 准教授
（2-2　2-3　2-8　4-3）

小島　淳子　神奈川県立光陵高等学校 校長
（2-6　3-3　3-8　4-6）

奥村　準子　筑波大学附属高等学校 教諭
（3-10　4-1　4-2　4-5）

＊所属は、2019年11月現在。

産業社会と人間 ［四訂版］

―よりよき高校生活のために―

2020年2月10日　初版発行
2024年3月3日　第5刷発行

編著者 ―― 服部 次郎
発行人 ―― 鈴木 宣昭
発行所 ―― 学事出版株式会社
　　　　　〒101-0051 東京都千代田区神田神保町1-2-5
　　　　　☎03-3518-9655
　　　　　HPアドレス　https://www.gakuji.co.jp

編集担当 ―― 二井　豪
デザイン ―― 三宅 由莉
組　　版 ―― 細川 理恵
編集協力 ―― 上田　宙
印刷・製本 ―― 研友社印刷株式会社